惯容及其在车辆悬架系统中的应用

陈志强　胡银龙　著

科学出版社

北京

内 容 简 介

　　本书基于惯容的悬架系统分析与设计方面的研究成果，系统总结了惯容在悬架系统中应用的基本思路和基本方法，从无源(被动)控制、基于被动惯容的半主动控制、基于半主动惯容的半主动控制三个方面展开论述。

　　本书旨在向读者介绍惯容对悬架系统的基本作用规律，以及基本设计方法，可以为车辆工程、控制理论及应用等领域的科技人员提供参考。

图书在版编目(CIP)数据

惯容及其在车辆悬架系统中的应用/陈志强，胡银龙著.—北京：科学出版社，2023.3
　ISBN 978-7-03-074764-8

　Ⅰ.①惯… Ⅱ.①陈… ①胡… Ⅲ.①汽车-车悬架-结构振动控制-研究
Ⅳ.①U463.33

中国国家版本馆 CIP 数据核字 (2023) 第 022197 号

责任编辑：魏英杰／责任校对：崔向琳
责任印制：吴兆东／封面设计：陈　敬

科学出版社 出版
北京东黄城根北街 16 号
邮政编码：100717
http://www.sciencep.com

北京中石油彩色印刷有限责任公司 印刷
科学出版社发行　各地新华书店经销
*

2023 年 3 月第 一　版　　开本：720 × 1000　1/16
2023 年 3 月第一次印刷　　印张：9 3/4
字数：197 000
定价：98.00 元
(如有印装质量问题，我社负责调换)

前　言

随着汽车工业的快速发展和人民生活水平的不断提高，人们对车辆的舒适性、安全性、操纵稳定性等提出更高的要求。悬架系统作为传递车轮和车架之间力和力矩的重要装置，对车辆乘坐的舒适性和操纵稳定性具有重要作用。在工程实际中，以弹簧和阻尼器为主要元件的无源 (被动) 悬架，由于成本较低、可靠性高，是当今车辆悬架系统的主要形式。然而，悬架系统设计具有舒适性、操控性等多目标要求，以及空间、成本等多约束条件。弹簧和阻尼器两类被动元件构成的悬架系统的性能具有很大的局限。

惯容是一类与弹簧和阻尼器并列的无源 (被动) 元件，具有两端受力与相对加速度成正比的动力学特性。惯容提出之初就在一级方程式赛车悬架系统中得到成功应用，有效提升了赛车的操纵稳定性。之后，以惯容为基础的各类悬架系统设计问题受到学术界和工业界的广泛关注。惯容可以扩展传统弹簧-阻尼器并联的悬架结构，提供新的设计自由度。特别是，基于机电类比的网络综合方法为悬架系统设计提供了系统化的设计思路。惯容的提出极大地丰富了悬架系统设计方法，在车辆悬架系统中的应用问题也是目前惯容相关研究中相对成熟和完善的问题。

本书共 6 章。第 1 章介绍惯容及车辆模型。第 2 章和第 3 章介绍基于惯容的无源 (被动) 悬架系统设计问题，分给定结构和网络综合两个方面展开。第 4 章和第 5 章介绍基于惯容和半主动惯容的半主动悬架系统设计。第 6 章介绍基于天棚惯容的悬架系统设计及其半主动实现。全书期望从无源、半主动、主动三个方面对基于惯容的悬架系统设计问题进行系统介绍，以便读者了解和学习该领域的基本研究思路和相关研究进展。

感谢国家自然科学基金 (61873129、61603122) 和中央高校基本科研业务费专项资金 (2019B14514) 对本书研究工作的资助。

限于作者水平，书中难免存在不妥之处，恳请读者批评指正。

作　者

目　　录

第 1 章　惯容及车辆模型简介

1.1　惯容与无源机械网络概述

1.1.1　惯容的概念

惯容（inerter）①是剑桥大学 Smith 教授 [1] 在 2002 年提出的一种双端点机械储能元件。其特性是作用在两个端点的大小相等、方向相反的力正比于两个端点间的相对加速度。惯容的符号表示如图 1.1 所示。其端口特性表示为

$$F = b\left(\dot{v}_2 - \dot{v}_1\right) \tag{1.1}$$

其中，比例系数 b 称为惯容量（inertance），单位为 kg；v_1 和 v_2 为两端点的速度。

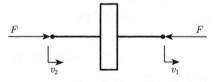

图 1.1　惯容的符号表示 [1]

惯容最典型的应用案例当属其在一级方程式赛车悬架系统中的成功应用。Smith 教授在发明惯容后，分析证实了惯容可有效提升车辆悬架系统的性能。因此，在申请专利后，Smith 与迈凯伦车队展开合作，签署了一份在一级方程式赛车中有限时间内使用惯容专有权的协议 [2]。在研发过程中，迈凯伦车队为迷惑竞争对手，保持其在惯容技术上的优势，为惯容创造了一个极具误导性的名字——J-阻尼器（J-damper）。事实上，J-阻尼器并非真正的阻尼器，J 字也没有任何实际意义。这一策略起到了效果，竞争对手并未发现 J-阻尼器与 Smith 教授团队惯容技术的关系，使 Smith 教授团队可以持续公开发表惯容的相关研究进展。2005 年，著名车手 Raikkonen 驾驶首次在悬架系统中安装了惯容的 F1 赛车迈凯伦 MP4-20 以绝对优势获得西班牙大奖赛的冠军。由此各车队对 J-阻尼器产生极大的兴趣。之后，经历 2007 年迈凯伦车队与雷诺车队的"间谍门"的发酵，2008 年 Autosport 公开了 J-阻尼器的真面目，揭示了 J-阻尼器与 Smith 教授团队的

---

① 惯容这一中文译名由陈志强教授与邹云教授给出。

关系——J-阻尼器就是惯容[3]。随着惯容技术的公开，目前惯容已经被其他一级方程式车队相继采用。

提出惯容的主要原因之一是，解决机械系统与电气系统之间的力-电流类比关系中质量与电容类比不完善的问题。在力-电流类比关系中，机械系统的力、速度、惯性参考系固定点、动能和势能可分别类比于电气系统中的电流、电压、电气接地、电能和磁能。从元件的动态特性看，机械网络中的弹簧和阻尼器可以完美地类比于电气系统中的电感和电阻，但是质量和电容之间的相似性却存在缺陷，即与质量元件类比的电气元件应该是一端接地的电容。牛顿第二定律表明，质量元件所承受的力与其相对于惯性参考系中固定点的加速度有关。这意味着，质量元件的一个端点是惯性参考系中的固定点，即机械地，另一个端点是它本身的质心。众所周知，在电气系统中，电容不是必须接地的。考虑与质量元件相似的电气元件是接地的电容，机械网络中找不到与不接地电容相似的机械元件。这就意味着，对于一个含有不接地电容的电路，无法找到一个由弹簧、阻尼器、质量构成的机械网络与之类比。反过来讲，与弹簧、阻尼器和质量构成的机械网络类比的电路网络中所有的电容必须接地。若把全部电阻、电感、电容构成的电路网络看作大的网络空间，弹簧、阻尼器、质量构成的机械网络类比的电路网络空间仅是该空间的一个子空间。从性能角度来看，这从理论上限制了无源机械网络的最佳性能。

提出惯容的另一重要原因是解决质量元件在机械阻抗综合中存在的一个无法避免的缺点，即在采用机械阻抗综合的方法设计机械装置时，常常将满足机械阻抗函数的装置视为"黑箱"，并且认为这个"黑箱"的质量相对于整个系统的其他部分质量来讲可以忽略不计。这样设计的机械装置特性才接近于设定的机械阻抗"黑箱"。然而，当采用质量元件实现机械阻抗时，有时难免需要很大的质量才使整个装置动态接近设定的机械阻抗，但大的质量必然违反"黑箱"，具有可忽略的质量这一前提条件。因此，以质量为基础的机械阻抗综合方法存在明显的不足。

惯容的提出可以有效地解决以上两个问题。从惯容的定义可以看出，它是一种具有与电容相似的外部特性的二端点机械元件。随着惯容的提出，机电类比关系中质量和电容的对应关系不完美的问题得到了解决，一个含有不接地电容的电路可以直接类比于一个由弹簧、阻尼器、惯容构成的机械网络。反过来，机械网络设计可直接借鉴电路网络综合方法，为机械系统设计提供系统有效的方法。惯容提出后得到的机械元件和电路元件之间的对应关系如图 1.2 所示。由于惯容的等效质量（即惯容量）远大于其本身实际质量，因此机械阻抗综合中的要求质量可忽略的问题也得到了很好地解决。

值得注意的是，除了力-电流类比关系外，机电系统类比中还存在力-电压等类比关系。虽然惯容的提出解决了力-电流类比关系不完善的问题，但就其作为一类标准机械元件来看，惯容的特性与使用何种类比关系无关。惯容在机械系统中存在一些独特的性质，如可以实现巨大的"虚拟"质量（等效质量）、与同为机械储能元件的弹簧对偶等。这些机械上的独有性质使惯容在各类机械系统中存在可以利用的一些天然优势。

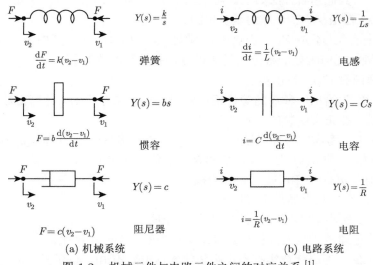

(a) 机械系统   (b) 电路系统

图 1.2 机械元件与电路元件之间的对应关系 [1]

1.1.2 无源机械网络

惯容的提出使机械网络和电路网络建立了一一对应的关系，因此可以借鉴电路网络综合中成熟丰富的理论结果来设计机械网络。参照电路网络的定义方法，对于一个机械系统，一个机械网络的终点称为节点或端点。一端口定义为一对端点，有两个等大反向的力 F 施加在这对端点上，其中这对端点的相对速度为 v。在已经建立的机械网络和电路网络之间的力-电流类比 [4] 中，力是一个穿越变量（through variables），速度是一个横跨变量（across variables）。机械导纳 $Y(s)$ 定义为穿越变量与横跨变量之比，即力与速度之比。

用力-速度对 (F, v) 表示的机械单端口网络，如果所有容许的 v 和 F 在 $(-\infty, T]$ 的时间内都满足平方可积的条件，即

$$\int_{-\infty}^{T} F(t)v(t)\mathrm{d}t \geqslant 0$$

那么该机械单端口网络是无源的。

根据这个定义，无源网络不能向外部环境提供能量。将 $Y(s)$ 表示为线性时，不变双端点网络的实有理阻抗或导纳函数，当且仅当其导纳函数为正实（positive real）时，该机械网络是无源的 [5,6]。实有理函数的正实性定义为，设 $Y(s)$ 是实有理函数，如果在复平面的右半开平面，即对所有的 s 满足 $\mathrm{Re}(s) > 0$，有 $\mathrm{Re}(Y(s)) \geqslant 0$，那么 $Y(s)$ 被定义为正实的。

正实性的其他判断方法如下。对于一个实有理函数 $G(s)$，若满足下述条件。

① $G(s)$ 在 $\mathrm{Re}(s) > 0$ 域内是解析的。

② 对所有 $\mathrm{j}\omega$ 不是 $Z(s)$ 极点的 ω 满足 $\mathrm{Re}(Z(\mathrm{j}\omega)) \geqslant 0$，其中 $\mathrm{j}^2 = -1$。

③ 虚轴及无穷大处的极点全是单极点，并且其留数非负。

那么实有理函数 $G(s)$ 是正实的。

Chen 等 [6] 给出一种新的等价正实判据方法。该方法无须计算留数，从而进一步简化了一般正实函数的正实性判别。

定理 1.1　考虑实有理函数 $Z(s) = p(s)/q(s)$，多项式 $p(s)$ 和 $q(s)$ 在 $\mathrm{Re}(s) > 0$ 处无公共根，则 $Z(s)$ 为正实函数的充分必要条件如下 [6]。

① $p(s) + q(s)$ 在 $\mathrm{Re}(s) > 0$ 处无根。

② $Z(s)$ 在虚轴上满足 $\mathrm{Re}(Z(\mathrm{j}\omega)) \geqslant 0$。

定理 1.1 为网络综合与应用结合打开了空间。

下面的定理是正实阻抗和导纳电路综合中的一个基本结果。

定理 1.2　考虑任意实有理正实函数 $Y(s)$[或 $Z(s)$]，必存在一个由电感、电阻、电容的有限互连组成的单端口电路网络。其网络阻抗（或导纳）等于 $Y(s)$[或 $Z(s)$][7,8]。

根据定理 1.2，以及机械网络与电路网络之间的力-电流类比关系，任意实数有理正实函数均可实现为由弹簧、阻尼器、惯容的有限互连构成的机械网络 [1]。近年来，始于 Chen 等的研究工作 [9,10]，一系列机械网络综合的成果 [11-17] 都采用文献 [9]，[10] 中设定的低复杂度网络综合元件提取方法的框架。其综合方法的思想可概括如下（提取原件的类型可视具体问题而调整）。

算法 1.1　步骤 1，提取 m 个阻尼器及 l 个惯容形成仅含弹簧的 $(m+l+1)$ 端口网络 X。假定网络 X 的阻抗（或导纳）矩阵存在，记为 sL，其中 $L \in \mathbb{S}^{m+l+1}$ 为半正定矩阵。

步骤 2，一端口机械网络的导纳函数可表示为 $Y(s) = \alpha_0(s)/\beta_0(s)$，其中 $\alpha_0(s)$、$\beta_0(s)$ 的系数可由矩阵 L 的元素、阻尼器和惯容的元件值 c_i 和 b_j，$i = 1, 2, \cdots, m$，$j = 1, 2, \cdots, l$ 表示。

步骤 3，利用变换 $\mathfrak{T}(L) = R$，其中 $\mathfrak{T}(\cdot)$ 与 c_i 和 b_j 相关，$Y(s) = \alpha(s)/\beta(s)$，其中 $\alpha(s)$、$\beta(s)$ 的系数仅与矩阵 R 的元素相关。

步骤 4，利用半正定矩阵 $L \in \mathbb{S}^{m+l+1}$ 对于 $(m+l+1)$ 端口纯电阻网络的实

现，推得任意正实导纳函数对于含 m 个阻尼器、l 个惯容及任意数量弹簧的一端口机械网络的实现条件。

步骤 5，给出可实现所有情形的一组网络结构，其中每个网络含尽可能少的弹簧。

关于含惯容的机械网络综合参见文献 [18]。

1.1.3 惯容的物理实现

从惯容的概念被提出到现在，已经出现多种惯容的实现方式，主要有齿轮齿条惯容、滚珠丝杠惯容、液压惯容、液体惯容和气体惯容。此外，根据实现中是否使用飞轮，可以分为基于飞轮的惯容和无飞轮惯容这两类。

图 1.3(a) 展示了齿轮齿条惯容的示意图，它采用齿轮-齿条啮合机构作为传动机构。其工作原理为，当大小相等、方向相反的力 F 作用在惯容的两个端点时，端点 2 相对于端点 1 发生位移，经过齿条与小齿轮、大齿轮和飞轮之间的啮合传动，将两个端点的相对直线运动转化为飞轮的旋转运动。

设齿条小齿轮的半径为 r_1，大齿轮的半径为 r_2，飞轮小齿轮的半径为 r_3，飞轮的半径、质量、线速度、动能分别为 r、m、v_f、E，端点 1 和端点 2 的相对速度为 v，其他元件的质量可以忽略，那么

$$v_f = \frac{v}{r_1} r_2 \frac{1}{r_3} r = \alpha_1 \alpha_2 v \tag{1.2}$$

其中，$\alpha_1 = r/r_3$；$\alpha_2 = r_2/r_1$。

因此有

$$E = \frac{1}{2} m v_f^2 = \frac{1}{2} m \alpha_1^2 \alpha_2^2 v^2 \tag{1.3}$$

忽略损耗，根据能量守恒定律可知，力 F 做的功等于飞轮的动能 E，因此力 F 的功率等于飞轮的动能随时间 t 的变化率，即

$$Fv = \frac{\mathrm{d}E}{\mathrm{d}t} = m \alpha_1^2 \alpha_2^2 \dot{v} v \tag{1.4}$$

可得

$$F = m \alpha_1^2 \alpha_2^2 \dot{v} \tag{1.5}$$

根据惯容的定义可知，齿轮齿条惯容的惯容量为

$$b = m \alpha_1^2 \alpha_2^2 \tag{1.6}$$

显然，如果 α_1 和 α_2 大于 1，那么惯容量就大于飞轮的质量 m。这意味着，惯容有放大飞轮质量的功能。例如，如果 $\alpha_1 = \alpha_2 = 4$，这两个值在实际中是很

容易实现的, 那么惯容量将是飞轮质量的 256 倍。图 1.3(b) 显示了剑桥大学工程学院制造的一个齿轮齿条惯容。这个结构的总质量大约是 3.5 kg, 实现的惯容量最大可达到 725 kg。

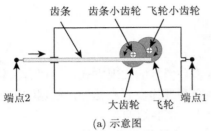
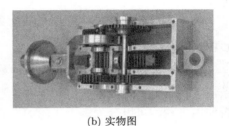

齿条　齿条小齿轮　飞轮小齿轮

端点2　　大齿轮　飞轮　端点1

(a) 示意图   (b) 实物图

图 1.3　齿轮齿条惯容 [1, 2]

齿轮齿条惯容可以承受较大的负载并实现较大的惯性, 但是齿轮之间无法消除的摩擦和背隙会增加齿轮齿条惯容的非线性。针对齿轮齿条惯容的这一缺陷进行改进, 惯容的第二种实现, 即滚珠丝杠惯容被提出。与齿轮齿条惯容相比, 滚珠丝杠惯容的摩擦极少, 背隙可以通过预紧消除。图 1.4(a) 展示了滚珠丝杠惯容的示意图, 图 1.4(b) 展示了剑桥大学工程学院制造的一个样机。其真实质量大约是 1 kg, 实现的惯容量最大可达到 180 kg。

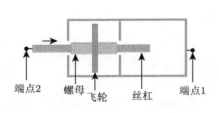
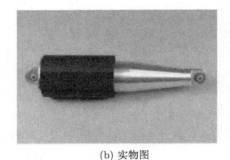

端点2　螺母　飞轮　丝杠　端点1

(a) 示意图   (b) 实物图

图 1.4　滚珠丝杠惯容 [2]

以图 1.4(a) 为例, 设飞轮的能量、角速度、转动惯量为 E、ω、J, 端点 1 和端点 2 的相对速度为 v, 丝杠的螺距为 P。为方便推导, 丝杠绕其轴旋转一周时刚好在轴向前进或后退一个螺距 P 的距离, 所以由

$$\frac{2\pi}{\omega} = \frac{P}{v} \tag{1.7}$$

可得

$$\omega = 2\pi\frac{v}{P} \tag{1.8}$$

代入飞轮能量表达式可得

$$E = \frac{1}{2} J \omega^2 = \frac{1}{2} J \left(\frac{2\pi}{P} \right)^2 v^2 \tag{1.9}$$

从而

$$Fv = \frac{\mathrm{d}E}{\mathrm{d}t} = J \left(\frac{2\pi}{P} \right)^2 \dot{v} v \tag{1.10}$$

$$F = J \left(\frac{2\pi}{P} \right)^2 \dot{v} \tag{1.11}$$

根据惯容的定义可知，滚珠丝杠惯容的惯容量为

$$b = J \beta^2 \tag{1.12}$$

其中，β 为滚珠丝杠的传动比，$\beta = \dfrac{2\pi}{P}$。

上述两种惯容都是采用固态机械元件构成传动机构，将液压原理应用到惯容的物理实现设计中可以得到惯容的第三种实现方式，即液压惯容。其示意图如图 1.5 所示。液压惯容采用活塞、液体和叶轮作为传动机构。其工作原理与水力发电机类似。它的两个端点分别是活塞杆和液压缸。在两个端点施加大小相等、方向相反的力 F 时，活塞相对于液压缸移动，推动液体使之流动，再带动液压马达的叶轮旋转，从而驱使飞轮旋转。

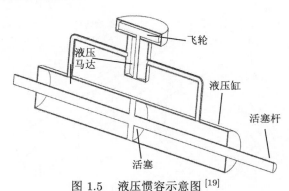

图 1.5　液压惯容示意图[19]

如图 1.5所示，设液压缸的输入流量与液压马达的角速度之比为 D，活塞的面积为 A，端点 1 和端点 2 的相对速度为 v，飞轮的能量、角速度、转动惯量分别为 E、ω、J，那么

$$v = \frac{D\omega}{A} \tag{1.13}$$

可得

$$\omega = \frac{Av}{D} \tag{1.14}$$

代入飞轮能量表达式可得

$$E = \frac{1}{2}J\omega^2 = \frac{JA^2v^2}{2D^2} \tag{1.15}$$

$$Fv = \frac{\mathrm{d}E}{\mathrm{d}t} = \frac{JA^2v\dot{v}}{D^2} \tag{1.16}$$

$$F = J\frac{A^2}{D^2}\dot{v} \tag{1.17}$$

根据惯容的定义可知，液压惯容的惯容量为

$$b = J\left(\frac{A}{D}\right)^2 \tag{1.18}$$

前述齿轮齿条惯容、滚珠丝杠惯容和液压惯容的一个共同特点是，以飞轮作为惯性机构，通过传动机构（齿条齿轮、滚珠丝杠和液压机构）驱动飞轮将直线运动转化为旋转运动并放大飞轮的惯性。因此，对于传动机构有两个基本要求，即能够将直线运动转换成旋转运动，以及具有放大飞轮惯性的能力。尽管目前大多数惯容的物理实现通常使用飞轮，但惯容并不等同于飞轮，这意味着实现惯容并不一定需要飞轮。液体惯容是第一种无机械飞轮的惯容，通过在螺旋通道内旋转的液体实现惯容效应。其示意图如图 1.6 所示。

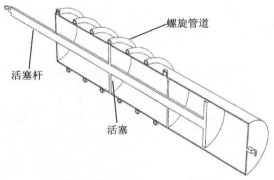

图 1.6 液体惯容示意图 [20, 21]

如图 1.6所示，设活塞的面积为 A_1，螺旋管道的横截面积和长度分别为 A_2 和 l，液体的密度为 ρ，在两个端点施加大小相等、方向相反的力 F 时，设两个端点的相对速度为 v，螺旋管道内液体的线速度为 v_2，则

$$vA_1 = v_2A_2 \tag{1.19}$$

$$\frac{v_2}{v} = \frac{A_1}{A_2} \tag{1.20}$$

螺旋管道内液体储存的能量为

$$\frac{1}{2}\rho A_2 l v_2^2 \tag{1.21}$$

一个理想惯容储存的能量为

$$\frac{1}{2}bv^2 \tag{1.22}$$

忽略损耗，上述两个能量应当相等，因此有

$$\frac{1}{2}\rho A_2 l v_2^2 = \frac{1}{2}bv^2 \tag{1.23}$$

可得液体惯容的惯容量，即

$$b = \rho l \frac{A_1^2}{A_2} \tag{1.24}$$

气体惯容是以气体作为传动介质的惯容。一种波浪形管环绕式气体惯容示意图如图 1.7 所示。形状为周期性正弦曲线的波浪形管道固定在圆柱形罐体外壁，波浪形管道内装有一段液体。液体只能在波浪形管道内往返流动，不能进入气缸。

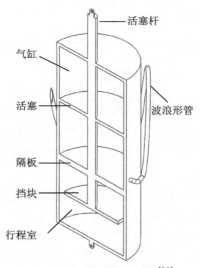

图 1.7　气体惯容示意图 [22]

以图 1.7 为例，在任意一个端点上施加力 F 时，设两端点的相对速度为 v，活塞的面积为 A_1，波浪形管道中的液体质量为 m，速度为 v_1，截面积为 A_2。这段液体的运动可分解为圆周运动和直线运动，速度分别设为 v_2 和 v_3。设波浪形管道的四分之一个周期在气缸截面上的正投影弧长为 l_1，波浪形管道对应正弦曲线的振幅为 h，则 $A_1 v = A_2 v_1$、$v_1 = \dfrac{A_1}{A_2} v$、$\dfrac{l_1}{v_2} = \dfrac{h}{v_3}$、$v_2 = \dfrac{l_1}{h} v_3$。由运动的分解可知

$$v_1^2 = v_2^2 + v_3^2 = \left[1 + \left(\frac{l_1}{h} \right)^2 \right] v_3^2$$

$$v_3^2 = \frac{1}{1 + \left(\dfrac{l_1}{h} \right)^2} v_1^2 = \frac{1}{1 + \left(\dfrac{l_1}{h} \right)^2} \left(\frac{A_1}{A_2} \right)^2 v^2$$

圆周分运动相对于直线分运动可忽略，不计损耗，则力 F 做的功转化为波浪形管道中液体的直线分运动的动能，根据功率定义有

$$F v = \frac{\mathrm{d} \left(\dfrac{1}{2} m v_3^2 \right)}{\mathrm{d} t} = \frac{1}{2} m \frac{1}{1 + \left(\dfrac{l_1}{h} \right)^2} \left(\frac{A_1}{A_2} \right)^2 2 v \dot{v}$$

$$F = \frac{m}{1 + \left(\dfrac{l_1}{h} \right)^2} \left(\frac{A_1}{A_2} \right)^2 \dot{v}$$

根据惯容的定义可知，波浪形管环绕式气体惯容的惯容量为

$$b = \frac{m}{1 + \left(\dfrac{l_1}{h} \right)^2} \left(\frac{A_1}{A_2} \right)^2 \tag{1.25}$$

综上所述，齿轮齿条惯容、滚珠丝杠惯容和液压惯容均采用放大机械旋转飞轮惯性的设计方式，属于基于飞轮的惯容，而液体惯容和气体惯容并未采用飞轮结构，属于无飞轮的惯容。

值得注意的是，在惯容提出以前，被动隔振、航空航天、汽车工业等工程领域已出现类似惯容特性的机械装置。文献 [1] 也对部分该类装置进行了讨论，重点说明已有装置作为惯容时存在的主要问题。近期，文献 [23], [24] 进一步综述了惯容提出之前存在的惯容和类似惯容的装置。本章在文献 [1], [23], [24] 的基础上，从基于机械杠杆原理的装置、基于液压流体方式的装置、基于齿轮齿条和滚珠丝杠驱动飞轮的装置等角度对类似惯容的装置进行总结。

在基于机械杠杆原理的装置中，Schönfeld 研究了机电的类比关系，提出杠杆一端连接一个质量的双端点元件，给出双端点机械惯容量的概念 [25]。Smith [1] 对

该装置进行了分析，指出该装置虽然具有与惯容相同的动力学特性，但由于杠杆在工作行程、装置大小，以及空间运动等方面存在局限，难以成为类似惯容的独立、标准化元件。这种基于杠杆原理的装置在隔振系统中受到关注。文献 [26] 建立了一个基于杠杆原理的隔振装置。该装置与弹簧、阻尼器和惯容并联型结构具有相似的动力学特性，均会出现反共振频率。

在基于液压流体方式的装置中，典型的装置包括 Goodwin 隔振器 [27]、液压悬置 [28]、质量泵（mass pump）[29] 等。1965 年，Goodwin 提出一类新型隔振装置，通过液体舱和波纹管装置实现类似弹簧、阻尼和惯容并联的隔振效果。液压悬置是 Flower 在 1985 年提出的振动控制装置，同样通过管道中的液体流动吸收外界振动，从而达到减振的目的。Goodwin 隔振器 [27] 和液压悬置 [28] 均与橡胶套、波纹管等集成来构成隔振或减振装置，并未发展成独立的两端点元件。相比而言，Kawamata 等提出的质量泵具有明确的两个独立端点，通过管线中的液体质量，管线截面积的不同实现质量的放大作用。基于类似理念，发展出含有螺旋管线的液压惯容 [20,21]（图 1.6）。

此外，采用齿轮齿条、滚珠丝杠等传动装置驱动飞轮转动，实现放大飞轮惯性作用的装置也在工程实践中常常采用 [30]。文献 [31] 搭建了齿轮齿条驱动飞轮的装置，并取名为 Gyro mass。该装置与旋转运动的齿轮齿条惯容 [1] 构造和动力学特性十分相似。文献 [31] 中关于 gyro-mass 装置的最早文献为 1997 年申请的日本专利 [30]，不过该专利目前并未在线公开。Rivin[32] 介绍了一类通过滚珠丝杠驱动飞轮的隔振装置。该装置集成在整个隔振系统中，并未作为独立的机械元件，但具备滚珠丝杠惯容的雏形。

文献 [23], [24] 关注的是物理实现方面的问题，虽然其对惯容提出之前的装置也统一称为惯容和类似惯容装置，但并不意味着在惯容提出之前就存在惯容。事实上，在惯容提出之前，这些装置并未抽象成独立的机械元件，也不存在惯容这一名称。上述装置均具备模拟质量，甚至放大质量的特点，但由于机械构造、应用场景等的不同，并未发展成独立的机械元件。惯容正是对这些元件中共性的、本质的动力学特性进行抽象和总结，成为一类与弹簧、阻尼器并列的标准机械元件。同样，把惯容作为一类标准机械元件，也有助于对上述类似惯容装置的特性进行分析，如文献 [23], [24] 对 Goodwin 隔振器、杠杆型隔振器 DAVI 等的分析一样。实际上，惯容的动力学特性反映了自然界和工程界广泛存在的一种动力特性。类似于胡克定律是对弹性形变材料和装置的抽象和总结一样，惯容也是对广泛存在的一类机械装置的抽象和总结。因此，虽然类似惯容特性的物理装置在惯容提出之前就已存在，但提出惯容的意义不仅在于具体的某些物理装置，更在于其作为一类独立的标准元件，在机械系统建模、分析与控制中起着不可或缺的作用。

1.1.4   半主动惯容

半主动惯容是惯容量可在线调节的惯容 [33]。文献 [34] 证明了基于半主动惯容的半主动悬架系统与传统半主动悬架系统相比性能有提升，但是并没有给出半主动惯容的具体物理实现。在前述基于飞轮的惯容物理实现中，均采用一个机械传动装置（齿轮齿条、滚珠丝杠、液压马达）驱动飞轮，由飞轮的旋转产生惯容的特性，即力与相对加速度成正比。由机械传动装置的传动比来放大这种特性，从而实现较大的惯容量。因此，基于飞轮的惯容的惯容量均可表示为传动比的平方乘以飞轮转动惯量的形式，即

$$b = \beta^2 J \tag{1.26}$$

其中，β 为传动比；J 为飞轮的转动惯量。

对于齿轮齿条惯容，$\beta = \dfrac{r_2}{r_1 r_3}$，其中 r_1、r_2、r_3 为齿条小齿轮、大齿轮、飞轮小齿轮的半径；对于滚珠丝杠惯容，$\beta = \dfrac{2\pi}{P}$，其中 P 为滚珠丝杠的导程；对于液压惯容，$\beta = \dfrac{A}{D}$，其中 A、D 为活塞的面积、液压缸的输入流量与液压马达角速度之比。

通过式 (1.26) 可以发现，有两种方式可以实现半主动惯容：第一种方式是在线调节传动比 β；第二种方式是在线调节飞轮的转动惯量。文献 [35] 提出一种新型可在线调节转动惯量的飞轮（controllable-inertia flywheel，CIF），并给出一个实现半主动惯容的通用方法。

可在线调节转动惯量的飞轮，就是在飞轮旋转的过程中，转动惯量可通过在线控制手段实时调节的飞轮。在实际应用中，有多种方式可实现飞轮转动惯量的在线控制，文献 [35] 采用径向改变机械质量块旋转半径的方式实现可在线调节转动惯量的飞轮。

图 1.8 所示的飞轮包含至少两个可以沿飞轮半径径向滑动的滑块。飞轮的主体部分含有滑槽，用来保证滑块沿飞轮半径方向直线滑动。滑块通过连杆和套管连接。套管可以沿转动轴方向直线移动。滑块的转动半径可通过调节套管的位置改变。支撑结构上放置一个伺服电机系统控制套管的位置，其中包含一个测量支撑结构与套管位置的位移传感器。在飞轮旋转过程中，支撑结构保持静止。

文献 [35] 提出的飞轮引入了两个轴承，一个位于套管与支撑结构之间，另一个位于支撑结构与飞轮之间。可在线调节转动惯量的飞轮示意图如图 1.9 所示。这样在飞轮的转动过程中，支撑结构和套管的上部不随飞轮的旋转而旋转，从而保证套管可以顺畅地通过伺服电机的控制上下移动。在图 1.9(b) 中，伺服电机系统由一个线性电动作动器完成，并且作动器内部装有内置的位移传感器。

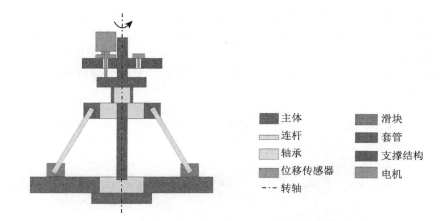

图 1.8 可在线调节转动惯量的飞轮结构示意图 [35]

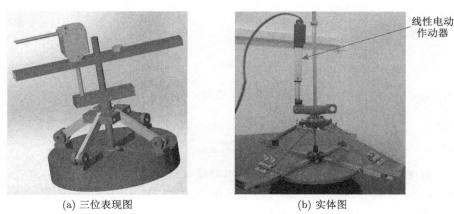

(a) 三位表现图   (b) 实体图

图 1.9 可在线调节转动惯量的飞轮示意图 [35]

在三维表现图和实体图中均使用四个滑块。在具体的应用中，滑块的数量可以进一步地增加或减少来改变转动惯量的可调范围。

文献 [35] 提出的飞轮的转动惯量可分为静态部分和可调部分。静态部分是指飞轮旋转过程中转动惯量不变的部分，包含飞轮的主体和套管的下部。可调部分是指飞轮旋转过程中转动惯量可以调节的部分，包含滑块和连杆。记 J、J_{static} 和 J_{variable} 为飞轮的全部转动惯量、静态部分转动惯量和可调部分转动惯量，即

$$J = J_{\text{static}} + J_{\text{variable}} \tag{1.27}$$

其中，J_{static} 为常数；J_{variable} 由线性电动作动器的位移 η 决定。

因此，飞轮的转动惯量可以通过改变线性电动作动器的位移 η 调节。

一个实现半主动惯容的通用方法是将固定转动惯量的飞轮替换为可在线调节转动惯量的飞轮。文献 [35] 在滚珠丝杠惯容的基础上，给出基于可在线调节转动惯量飞轮的半主动惯容的具体实现方案。

如图 1.10 所示，半主动惯容的飞轮位于丝杠的一端，方便可在线调节转动惯量的飞轮的实时控制。

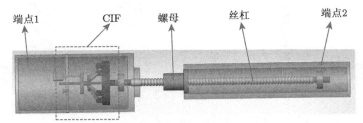

端点1   CIF   螺母   丝杠   端点2

图 1.10   基于可在线调节转动惯量的飞轮的半主动惯容三维表现图[35]

半主动惯容的惯容量可以表示为

$$b = b_0 + b_v \tag{1.28}$$

其中，b_0 和 b_v 为静态惯容量和可调节惯容量，即

$$\begin{aligned} b_0 &= \beta^2 J_{\text{static}} \\ b_v &= \beta^2 J_{\text{variable}} \end{aligned} \tag{1.29}$$

静态惯容量不能在线调节。可调节惯容量可以通过改变飞轮的转动惯量在线调节。由于飞轮的转动惯量可由线性电动作动器的位移 η 调节，因此半主动惯容的整体惯容量可以表示为 η 的函数，即

$$b = \Phi(\eta) \tag{1.30}$$

其中，$\Phi(\eta)$ 为 η 的单调递增函数。

半主动惯容的最大和最小惯容量分别为

$$\begin{aligned} b_{\min} &= \Phi(\eta_{\min}) \\ b_{\max} &= \Phi(\eta_{\max}) \end{aligned} \tag{1.31}$$

其中，$\eta_{\min}$ 和 $\eta_{\max}$ 为最小和最大的 η。

1.1.5   惯容的研究现状

因为传统的基于弹簧-阻尼器的机械网络是提出惯容后获得的基于弹簧-阻尼器-惯容的机械网络的真子集，所以基于弹簧-阻尼器-惯容的机械网络可达到的最

佳性能一定不会比基于弹簧-阻尼器的机械网络差。研究表明，加入惯容后的机械系统与未加入惯容的机械系统相比均具有较明显的优势。惯容已在车辆悬架系统[36-41]、风力发电机结构控制[42,43]、飞机起落架[44,45]，以及其他振动控制领域[46-49]得到广泛的应用。

在惯容的基础理论研究方面，文献[50]研究了惯容对振动系统固有频率的影响。首先，推导单自由度振动系统和二自由度振动系统的固有频率，得出单自由度振动系统的固有频率是惯容量的减函数。惯容可以降低单自由度振动系统的固有频率。通过求二自由度振动系统固有频率对惯容量的偏导数，用偏导数为负直接证明惯容可以降低二自由度振动系统的固有频率。然后，对多自由度振动系统的固有频率和模态进行灵敏度分析，证明增加任意惯容的惯容量都能降低连续多自由度振动系统的固有频率，并导出一个一般多自由度系统的固有频率可以通过惯容降低的条件。最后，研究惯容位置对固有频率的影响。针对二自由度系统，推导确定最有效位置的解析解决方案，在该位置插入一个惯容，实现固有频率的最大减小。对于一般的多自由度系统，介绍两种找到插入惯容最有效位置的方法。通过仿真一个六自由度系统证明惯容降低最大固有频率的效率，仅使用 5 个惯容就使最大固有频率获得超过 47% 的下降。

文献[51]针对一类链式弹簧质量系统，从正问题和反问题两个方面研究基于惯容振动系统的固有频率分析与配置问题。在正问题方面，对该类系统的固有频率特性进行分析，证实了惯容的存在使链式弹簧质量系统可能出现多重固有频率，并给出多重固有频率的阶次上界。由于无惯容的链式弹簧质量系统的固有频率各不相同，因此惯容导致多重固有频率的现象很不寻常。在反问题中研究固有频率的配置问题，即通过调整惯容量和弹簧刚度，使弹簧质量链式系统的固有频率为任意给定的各不相同的值。针对这一问题，需要回答该类问题是否可解，若可解最多需要多少惯容。理论证明，任意给定的各不相同的 n 个值均可采用最多 $n-1$ 个惯容和 n 个弹簧实现 n 阶链式弹簧质量系统的固有频率。

关于半主动惯容，文献[35]介绍了一种实现半主动惯容的一般框架，即通过调整传动比和飞轮的转动惯量实现，提出一种新型的基于半主动惯容的可调动力吸振器（semi-active-inerter-based adaptive tuned vibration absorber，SIATVA），通过实验证实半主动惯容及可调动力吸振器的有效性。针对半主动惯容惯容量的控制问题，本书提出两种控制方法，即基于频率跟踪器（frequency-tracker-based，FT）的控制和基于相位检测器（phase-detector-based，PD）的控制。采用图 1.11 所示的平台实验。实验结果表明，虽然激励频率可能不同，但是 FT 控制和 PD 控制都能有效地抵消主质量的振动。SIATVA 可以容忍主系统的参数变化，因此可以应用于各种主系统而无须重置参数。

在实际的机械网络设计中，惯容的设计方法主要有两种，一种是给定结构法，另一种是网络综合法。给定结构法就是对于某些已给定结构的使用惯容的机械网络，分析并优化其元件参数。惯容的提出从理论层面上建立起了连通无源电路网络综合理论和无源机械网络设计的桥梁，使得对于所有无源电路网络均存在由惯容、阻尼器和弹簧组成的机械网络与之相似，从而将原来用于无源电路网络设计的综合理论完美地应用到无源机械网络设计中。所以，在惯容被提出后，可以用网络综合法实现对应于无源机械网络的所有实有理正实函数。基于网络综合法的设计方法具体来说就是将传统的基于弹簧-阻尼器的机械网络用正实函数描述，再对正实函数做优化设计，借助网络综合法找到最优的网络结构和元件参数。这种方法能保证拓扑结构和元件参数的同时最优，因此用其设计出的无源机械网络性能必然好于或不差于用给定结构法设计出的无源机械网络，适用于追求最佳性能的无源机械网络的设计。

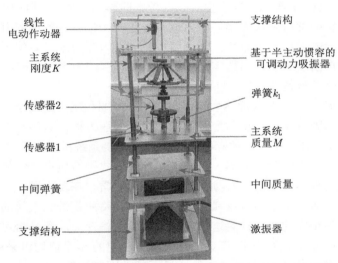

图 1.11　基于半主动惯容的自适应调谐吸振器实验平台[35]

　　关于给定结构法在车辆悬架系统方面的应用，文献 [38] 对 8 个简单无源悬架结构进行了对比研究，其中 6 个是含有一个阻尼器、一个惯容和若干弹簧的无源悬架结构，证明含有惯容的无源悬架具有仅由弹簧和阻尼器组成的传统无源悬架无法实现的相位超前特性，并通过仿真证实含有惯容的悬架系统性能优势。针对文献 [38] 中 6 个含惯容无源悬架结构的全局参数优化问题，文献 [39] 提供了解析解。文献 [41] 对滚珠丝杠惯容的非线性特性进行了分析，同时研究了非线性特性对悬架性能的影响。文献 [37] 研究了双叉臂车辆悬架基于惯容的悬架支柱的数值仿真和优化问题，修改了一个完善的双叉臂车辆模型，以利于使用 Simulink/SimMechanics 进行基于惯容的悬架仿真。由于获得的 SimMechanics 模型本质上是非线性的，并且仿真是耗时的，因此提出一种耗时更少的优化方法。通过假设恒定的悬挂角导出用于参数优化的简化线性状态空间模型，比较基于简化模型和非线性 SimMechanics 模型的响应验证简化模型的正确性。基于简化模型，优化由串联连接的惯容和阻尼器组成的基于惯容的悬架，通过将惯容引入双叉臂悬架系统，可以有效地提高乘坐舒适性能，从而证明提出的优化方法的有效性和使用惯容的性能优势。

关于网络综合法的应用，文献 [52] 提出一种基于矩阵不等式的正实控制器综合程序。使用线性矩阵不等式表征正实约束，再将问题描述为含有双线性矩阵不等式约束的 H_2 和 H_∞ 正实控制器优化问题，使用局部迭代算法得到最优的正实控制器（正实函数），最后使用网络综合方法得到对应的机械网络。仿真和实验均验证了正实控制器综合程序的有效性。文献 [9] 考虑机械系统无源控制方法中出现的复杂性受限的实现问题，使用弹簧、阻尼器和惯容合成正实导纳或阻抗函数。如果每种情况下阻尼器和惯容的数量限制为一个，同时允许使用任意数量的弹簧，不允许使用变压器（杠杆），那么可以实现的最一般的机械导纳类是什么呢？解决方案使用阻尼器和惯容的元件提取，然后推导相关三端口网络的单元件类型（无变压器）实现的必要和充分条件。结果表明，相关类别的机械导纳可以根据五个电路布局进行参考，每个电路布局包含四个弹簧。文献 [53] 基于文献 [9] 中只含有一个惯容和一个阻尼器的机械网络综合结果，对比研究五种只含有一个惯容和一个阻尼器的结构在四分之一汽车模型中用作车辆悬架时的性能。文献 [12] 从机械控制的角度研究一类特殊导纳的含一个阻尼器、一个惯容和任意数量弹簧的机械网络实现。首先将文献 [9] 的结果转换为更直接的形式，然后推导可实现性的必要条件和充分条件，并且通过假设在提取阻尼器和惯容之后仅由弹簧组成的三端口网络具有明确定义的阻抗提供显式电路布局。文献 [54] 对含有一个阻尼器、一个惯容和三个弹簧的无源悬架进行了性能优化。优化模型基于对正实导纳实现的研究成果，给出优化程序的算法。仿真结果表明，在将弹簧数量限制为 3 时，只能观察到性能的轻微退化。文献 [55] 运用不动点原理和几何方法分析、优化基于惯容的隔振器，分析并联和串联惯容的频率响应。同时，引入三个基于惯容的隔振器，以解析方式提出 H_∞ 优化和 H_2 优化中的调谐程序。结果表明，当考虑相同的惯性-质量（或质量）比时，基于惯容隔振器的 H_∞ 优化和 H_2 性能优于传统动态减振器能达到的性能。文献 [13] 以有效的机械控制为目的，给出含惯容的三端口弹簧机械网络的实现。为了解决问题，首先利用图论和 n 端口电阻网络的若干现有结果，推导包含至多三个元件的三端口电阻网络实现的必要条件和充分条件。通过提取阻尼器和惯容，在仅包含弹簧的三端口网络导纳良好定义的假设下，获得实现包含一个阻尼器、一个惯容和至多三个弹簧的单端口网络的充分必要条件。此外，还提出了覆盖网络。

在机电结合方面，文献 [40] 将一种机电一体悬架结构应用到车辆悬架中。悬架由滚珠丝杠惯容和永磁电机组成，使系统阻抗可以通过机械和电路网络的组合实现。电路部分的实现采用文献 [52] 的电路网络综合方法。高阶机械导纳由电路部分实现，可以避开高阶机械导纳实现过程中的空间和成本上的限制。文献 [36] 提出一种新型的基于惯容的电磁装置（图 1.12 和图 1.13），并将其应用到汽车悬架系统中。该装置通过将现有惯容原型中使用的飞轮放置在恒定磁场中得到。在飞轮旋转的过程中，飞轮做切割磁力线运动，作为法拉第发电机运行。该文献分析了不同类型负载对基于惯容的电磁装置行为的影响。结果表明，电阻、电容和电感负载分别对整个器件的阻尼、惯性和刚度有贡献。此外，通过使用电路，提出的装置还可以用于实现更高阶的机械导纳。该文献还研究了其作为车辆悬架的性能。数值仿真表明，与传统的悬架相比，提出的装置不但可以提供悬架性能（乘坐舒适性和抓地力）的改进，而且能产生可以被车辆其他部件使用的电能。

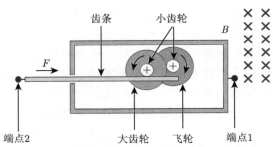

图 1.12　　一种新型基于惯容的电磁装置示意图 [36]

对于半主动悬架控制系统，文献 [33], [56] 提出由无源部分和半主动部分组成的半主动悬架结构，其中无源部分为给定的基于惯容的机械网络，半主动部分为半主动阻尼器。文献 [56] 为了研究在半主动悬架中使用惯容的悬架性能，分析了 8 个无源悬架配置与半主动阻尼器的并联连接，通过应用最优控制理论，获得每种配置的最优解，并通过前推回代法数值求解。结果表明，惯容的使用总体上可以提高乘坐舒适性，对于某些特定配置效果甚至更加显著，但与传统半主动悬架相比，在抓地性能和悬架行程性能方面没有明显优势。文献 [57] 采用优化低阶正实导纳的方法设计无源部分，通过提升无源部分性能提升整体半主动悬架性能。另外，文献 [33] 提出半主动惯容的概念，即惯容量可在线调节的惯容，并证明基于半主动惯容的半主动悬架系统与传统半主动悬架系统相比性能有提升。文献 [33], [56] 设计了基于状态反馈 H_2 控制器的半主动惯容控制方法，并分析基于该方法的悬架系统性能。

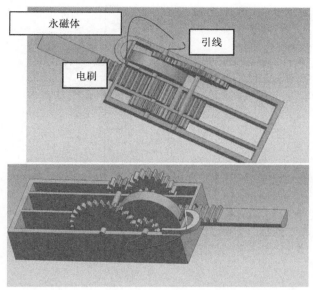

图 1.13　　一种新型基于惯容的电磁装置三维图 [36]

　　在风力发电机结构控制方面，文献 [42] 研究基于惯容的风力发电机无源结构控制问题，为减轻风导致的负荷，采用基于惯容的动力吸振器（inerter-based dynamic vibration absorber，IDVA）。图 1.14 所示为含基于惯容的动力吸振器的风机示意图。IDVA 由一个无源弹簧和一个并联无源网络组成，考虑具有一阶和二阶导纳的网络，并且使用网络综合方法获得无源网络的具体结构。风力发电机系统被建模为离散参数多自由度系统，包括塔架和叶片之间的相互作用。数值仿真显示了基于惯容的无源结构控制方法的有效性和性能益处。文献 [43] 研究惯容在驳船式浮式海上风力发电机上的应用，旨在减轻由风和波浪引起的风力发电机结构的负荷，提出一种基于惯容的结构控制系统。该系统由一个弹簧、一个阻尼器和一个基于惯容的网络并联组成，使用用于风力发电机的非线性气动弹性仿真工具 FAST-SC 评估基于惯容的结构控制系统的性能。由于在优化元件参数（弹簧刚度、阻尼系数、惯容量）中执行 FAST-SC 耗时较长无法用于参数优化，因此基于简化线性设计模型提出一种高效的参数优化方法。结果表明，塔顶前后偏转与 TMD 工作空间之间存在折中。基于非线性 FAST-SC 代码的数值仿真表明，除了塔顶前后负载和 TMD 工作空间，使用惯容可以提高整体性能。基于惯容的配置往往需要比无惯容系统更多的 TMD 工作空间。在保持与无惯容系统类似的 TMD 工作空间的情况下，惯容的加入可以改善整体性能。

　　惯容在飞机起落架中的应用方面也已被提及。文献 [45] 将惯容应用到飞机起

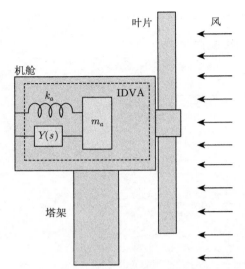

图 1.14　含基于惯容的动力吸振器的风机示意图 [42]

落架悬架系统中，重点研究飞机起落架的摆振，以及应用惯容后的性能变化。如果没有正确选择参数，引入惯容会产生额外的不稳定性，但是这种影响可以通过调整其他参数来消除。最后，通过仿真方法观察并分析性能变化，在一定范围的惯容量下可观察到性能的改善。文献 [44] 分析了含有惯容的飞机起落架模型的非线性，确定了非线性对所提出含惯容飞机起落架模型在摆振中性能的影响。通过仿真分析该模型，并对非线性效应和线性化模型的适定性进行总结。

在其他方面，文献 [46] 对含惯容的隔振系统进行了振动分析，对于所有由弹簧、阻尼器和惯容组成的无源隔振器，推导出力和位移传递率相同的条件。具体地，根据传递率的不变点和隔离带宽分析并联连接中的惯容和串联连接中的惯容。分析表明，并联和串联的惯容都可以有效地降低不变点并扩大隔离带宽。由于其物理结构的固有特性，串联连接的惯容可以描述仅具有弹簧的配置，以及弹簧和惯容并联连接的配置之间的一些混合行为。此外，还分析证明了由惯容引起的高频隔离的弱点。文献 [47] 研究了在车辆悬架系统中惯容间隙的影响，其通常用于模拟元件之间接触处不良间隙；使用四分之一汽车模型和整车模型，在频域和时域中进行悬架系统的仿真，评估具有不同间隙参数的悬架性能。文献 [48] 对基于惯容的动力吸振器进行性能改进，研究基于惯容的 IDVA 的 H_∞ 和 H_2 优化问题。IDVA 是通过用一些基于惯容的机械网络代替传统动力吸振器（traditional dynamic absorber，TDVA）中的阻尼器获得的。该文献证明了在 TDVA 中单独添加一个惯容对于 H_∞ 性能没有任何好处，并且对 H_2 性能的改善可以忽略不计（当质量比小于 1 时，TDVA 的改进率低于 0.32%）。这意味着，必须将另一种自由度（元件）和惯容一起引入 TDVA。因此，通过在 TDVA 中添加一个惯容和一个弹簧，提出四种不同的 IDVA，可以获得 H_∞ 和 H_2 性能的显著改善。无量纲数值仿真表明，对于 H_∞ 和 H_2 性能，可以分别获得超过 20% 和 10% 的改进。另外，对于 H_∞ 性能，通过使用惯容可以进一步加宽有效频带。文献 [49] 研究了使用基于惯容的无源振动控制配置的梁，其响应的最小化问题，提出两种基于惯容的无源振动控制配置，即一个质量块连接到一个弹簧和由一个阻尼器、一个弹簧和一个惯容串联形成的结构的并联组合（情形 I），以及一个质量块连接到与惯容串联的传统动力吸振器（情形 II），并成功应用于梁式结构的振动抑制，通过经典振动理论分析推导系统位移和加速度的频率响应函数，将在整个范围或一定频率范围内最小化频率响应函数最大值的优化问题表示为最小-最大问题，然后以数值方式推导最优参数。对于情形 II，可以使用不动点原理对最优系统参数进行解析表达。数值结果表明，基于惯容的无源振动控制配置比传统的动力吸振器更有效，特别是对于小质量比的情况。对于较小的质量比，基于惯容的情形 I 比基于惯容的情形 II 更有效，而对于较大的质量比则相反。最后，简要讨论质量比和惯容量-质量比对最佳系统参数的影响。

1.1.6 一类低复杂度机械网络

惯容在各类系统中的应用常以由弹簧、阻尼器和惯容组成的无源机械网络形式出现，而由于机械系统受空间、成本等要求，元件数量及结构复杂形式常常受到限制。为保持弹簧-阻尼器-惯容构成的机械网络数量少、结构简单的特性，本书主要研究只含一个弹簧、一个惯容和一个阻尼器的机械网络。只含有一个弹簧、一个惯容和一个阻尼器机械网络[58] 如图 1.15 所示。

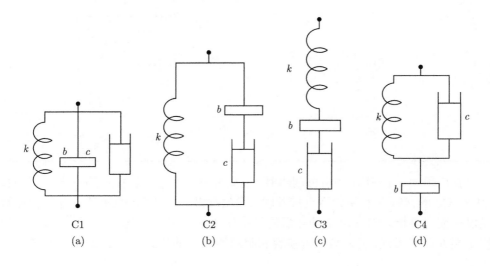

| C1 | C2 | C3 | C4 |
| (a) | (b) | (c) | (d) |

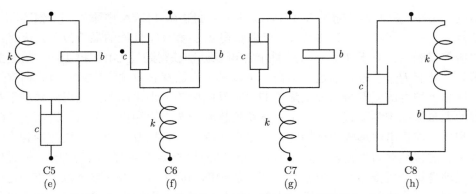

图 1.15　只含有一个弹簧、一个阻尼器和一个惯容的机械网络

该网络的导纳如表 1.1 所示。图 1.16 为两个常见的传统弹簧阻尼器机械网络，TC1 和 TC2 的导纳分别为 c 和 $1/(s/k + 1/c)$。

表 1.1　图 1.15机械网络的导纳

网络编号	导纳函数
C1	$W_1(s) = \dfrac{k}{s} + bs + c$
C2	$W_2(s) = \dfrac{k}{s} + \dfrac{1}{\dfrac{1}{bs} + \dfrac{1}{c}}$
C3	$W_3(s) = \dfrac{1}{\dfrac{s}{k} + \dfrac{1}{bs} + \dfrac{1}{c}}$
C4	$W_4(s) = \dfrac{1}{\dfrac{1}{\dfrac{k}{s} + c} + \dfrac{1}{bs}}$
C5	$W_5(s) = \dfrac{1}{\dfrac{1}{\dfrac{k}{s} + bs} + \dfrac{1}{c}}$
C6	$W_6(s) = \dfrac{1}{\dfrac{1}{c + bs} + \dfrac{s}{k}}$
C7	$W_7(s) = bs + \dfrac{1}{\dfrac{s}{k} + \dfrac{1}{c}}$
C8	$W_8(s) = c + \dfrac{1}{\dfrac{s}{k} + \dfrac{1}{bs}}$

在应用图 1.15 所示的机械网络时，需要并联一个主弹簧提供静态支撑。这样，C1 和 C2 的弹簧 k 和主弹簧直接并联，因此可将 C1 和 C2 的弹簧 k 并入主弹簧刚度来简化分析。C1 和 C2 简化后的网络如图 1.17 所示，其中 C1 简化为惯容和阻尼器并联的形式，C2 简化为惯容和阻尼器串联的形式。以后章节均用图 1.17

所示的结构表示图 1.15 中的 C1 和 C2。

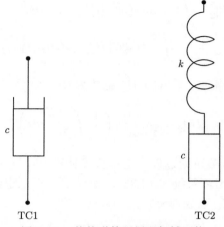

图 1.16   传统弹簧阻尼器机械网络

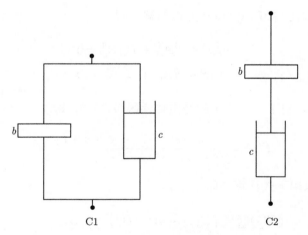

图 1.17   C1 和 C2 简化后的网络

1.1.7 传递函数 H_2 范数解析计算方法

考虑如下线性时不变闭环系统，即

$$\dot{x} = A_{cl}x + B_{cl}w, \quad z = C_{cl}x + D_{cl}w \tag{1.32}$$

其中，w 为外部输入；z 为控制输出。

若系统的脉冲响应矩阵为 h_{zw}，传递函数矩阵为 H_{zw}，则输入 w 到输出 z 的

H_2 范数可定义为 [59]

$$\|H\|_2^2 = \int_0^\infty \text{trace}\left(h_{zw}^{\mathrm{T}}(t)h_{zw}(t)\right)\mathrm{d}t \tag{1.33}$$

$$= \frac{1}{2\pi}\int_0^\infty \text{trace}\left(H_{zw}^{\mathrm{T}}(\mathrm{j}\omega)H_{zw}(\mathrm{j}\omega)\right)\mathrm{d}t \tag{1.34}$$

当扰动 w 为白噪声时，系统的 H_2 范数为 [59]

$$\|H\|_2^2 = \lim_{T\to\infty} E\left(\frac{1}{T}\int_0^{\mathrm{T}} z^{\mathrm{T}}z\mathrm{d}t\right) \tag{1.35}$$

上述定义的 H_2 范数可通过以下定理直接计算 [59]。

定理 1.3　考虑闭环系统式 (3.33)，如果 A_{cl} 不稳定或 $D_{cl} \neq 0$，那么系统输入 w 到输出 z 的 H_2 范数为无穷大；否则，有

$$\|H\|_2^2 = \text{trace}(C_{cl}PC_{cl}^{\mathrm{T}}) = \text{trace}(B_{cl}^{\mathrm{T}}SB_{cl}) \tag{1.36}$$

其中，P 和 S 为以下 Lyapunov 方程的解，即

$$A_{cl}P + PA_{cl}^{\mathrm{T}} + B_{cl}B_{cl}^{\mathrm{T}} = 0 \tag{1.37}$$

$$A_{cl}^{\mathrm{T}}S + SA_{cl} + C_{cl}^{\mathrm{T}}C_{cl} = 0 \tag{1.38}$$

由定理 3.1，对于一个给定的稳定传递函数 $T(s)$，即

$$T(s) = \frac{b_{n-1}s^{n-1} + \cdots + b_1 s + b_0}{s^n + a_{n-1}s^{n-1} + \cdots + a_1 s + a_0}$$

其 H_2 范数可以用下式计算，即

$$\|T(s)\|_2^2 = \|C(sI - A)^{-1}B\|_2^2 = CLC^{\mathrm{T}} \tag{1.39}$$

其中，矩阵 A、B、C 为 $T(s)$ 的最小相位实现，即 $T(s) = C(sI - A)^{-1}B$；矩阵 L 为以下 Lyapunov 方程的解，即

$$AL + LA^{\mathrm{T}} + BB^{\mathrm{T}} = 0 \tag{1.40}$$

具体计算给定传递函数 $T(s)$ 的 H_2 范数方法如下 [39,59]。

步骤 1，将 $T(s)$ 实现为如下可控标准型状态空间模型，即

$$\dot{x} = Ax + Bu, \quad y = Cx$$

其中，$A = \begin{bmatrix} 0 & 1 & 0 & \cdots & 0 \\ 0 & 0 & 1 & \cdots & 0 \\ \vdots & \vdots & \vdots & & \vdots \\ 0 & 0 & 0 & \cdots & 1 \\ -a_0 & -a_1 & -a_2 & \cdots & -a_{n-1} \end{bmatrix}$; $B = \begin{bmatrix} 0 \\ 0 \\ \vdots \\ 0 \\ 1 \end{bmatrix}$; $C = [b_0 \ b_1 \ b_2 \ \cdots \ b_{n-1}]$。

步骤 2，通过求解下列线性方程求解式 (1.40)，即

$$(A \otimes I + I \otimes A)\,\mathrm{vec}(L) = -\mathrm{vec}(BB^{\mathrm{T}}) \tag{1.41}$$

其中，$\otimes$ 表示 Kronecker 乘积；vec 表示矩阵拉直向量。

步骤 3，代入式 (1.39)，可得 H_2 范数的解析表达式。

下面给出一个 H_2 范数算例。设 $H(s) = \dfrac{s+1}{s^3 + 6s^2 + 11s + 6}$，此时有

$$A = \begin{bmatrix} 0 & 1 & 0 \\ 0 & 0 & 1 \\ -6 & -11 & -6 \end{bmatrix}, \quad B = \begin{bmatrix} 0 \\ 0 \\ 1 \end{bmatrix}, \quad C = [1, 1, 0]$$

设 $L = \begin{bmatrix} l_{11} & l_{12} & l_{13} \\ l_{21} & l_{22} & l_{23} \\ l_{31} & l_{32} & l_{33} \end{bmatrix}$，求解式 (1.40) 可得

$$\begin{bmatrix} l_{12}+l_{21} & l_{13}+l_{22} & l_{23}-11l_{12}-6l_{13}-6l_{11} \\ l_{22}+l_{31} & l_{23}+l_{32} & l_{33}-11l_{22}-6l_{23}-6l_{21} \\ l_{32}-11l_{21}-6l_{31}-6l_{11} & l_{33}-11l_{22}-6l_{32}-6l_{12} & 1-11l_{23}-6l_{31}-11l_{32}-12l_{33}-6l_{13} \end{bmatrix}$$
$$= 0$$

则有

$$L = \begin{bmatrix} \dfrac{1}{120} & 0 & -\dfrac{1}{120} \\ 0 & \dfrac{1}{120} & 0 \\ -\dfrac{1}{120} & 0 & \dfrac{11}{120} \end{bmatrix}$$

$$\|H(s)\|_2^2 = CLC^{\mathrm{T}} = \frac{1}{60}$$

就数值而言，也可以使用 MATLAB 中的 $L = \mathrm{lyap}(A, Q)$ 计算 L，其中 $Q = BB^{\mathrm{T}}$。

1.2   车辆模型简介

1.2.1   四分之一车模型

本节介绍图 1.18 所示的四分之一车辆模型，其中簧载质量 m_s、非簧载质量 m_u 和弹簧 k_t 分别代表车身质量、车轮质量和轮胎刚度。悬架系统位于簧载质量和非簧载质量之间。

图 1.18 所示的悬架系统由主弹簧 K 和一并联的无源机械网络 $W(s)$ 组成，其中主弹簧 K 主要用来提供悬架的静态刚度，即悬架对簧载质量的静态支撑；无源机械网络 $W(s)$ 为弹簧、阻尼器和惯容构成的机械网络。为了保持无源悬架结构简单的特点，本节仅考虑低复杂度的无源机械网络。低复杂度机械网络由两种方法给出，即给定结构法和网络综合法。对于给定结构法，本节考虑图 1.15 所示的只含有一个弹簧、一个阻尼器和一个惯容的机械网络。对于网络综合法，本节考虑一阶、二阶和三阶的实有理正实函数。图 1.16 所示的传统弹簧阻尼器网络用来做对比。

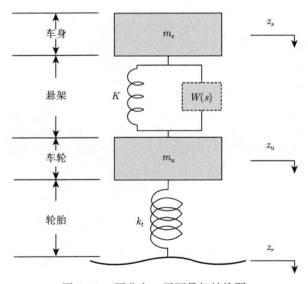

图 1.18   四分之一无源悬架结构图

经拉普拉斯变换，图 1.18 所示的四分之一车辆模型的运动方程为

$$m_s s^2 \hat{z}_s = -sQ(s)(\hat{z}_s - \hat{z}_u)$$
$$m_u s^2 \hat{z}_u = sQ(s)(\hat{z}_s - \hat{z}_u) + k_t(\hat{z}_r - \hat{z}_u)$$

其中, $Q(s)$ 为悬架系统的导纳, 满足 $Q(s) = K/s + W(s)$; $W(s)$ 为低复杂度机械网络导纳。

对于图 1.15 所示的给定结构, $W(s)$ 在表 1.1 中给出。对于网络综合方法, $W(s)$ 为一阶、二阶和三阶实有理正实函数。

在图 1.15 所示的给定机械网络中, C1 和 C2 的弹簧 k 和悬架的主弹簧 K 并联。为简化分析, C1 和 C2 的弹簧 k 可并入主弹簧 K 中。这样, C1 和 C2 已经简化为图 1.17所示的结构。因此, 本书所有 C1 和 C2 均指图 1.17简化后的结构。

1.2.2 几种常见的性能指标

车辆悬架系统的两个基本功能是使乘客免受路面颠簸的影响, 并使轮胎与地面之间保持良好的附着[60-62]。前者影响的是乘坐的舒适性, 后者影响的是车辆的安全性和稳定性。由于乘客不舒适的感觉主要由过大的车身加速度产生[63], 因此在悬架系统设计中, 通常用车身加速度表征乘坐的舒适性[64-72]。轮胎与地面的附着能力主要影响车辆转弯、刹车和加速的能力, 而最小化轮胎动载荷可以提高车辆的这些能力[73]。另外, 在悬架执行上述两个功能的过程中, 还需要悬架的工作行程保持在允许的范围内[60,64,65]。有时, 为了减小由过大的悬架行程造成的对悬架其他部件的磨损, 还需尽量保持较小的悬架行程[61]。

对于图 1.18 所示的四分之一车辆模型, 乘坐舒适性、悬架行程和轮胎动载荷性能可分别用簧载质量加速度 $\ddot{z}_s$、簧载质量和非簧载质量相对位移 $(z_s - z_u)$ 和轮胎弹簧形变力 $k_t(z_u - z_r)$ 的均方根值描述[61]。

在悬架系统设计中, 路面扰动可以按文献 [38], [61], [74] 中的方法描述。

考察车辆按速度 V 行驶时的时变位移 $z(t)$, 若位移 $z(t)$ 的形式为 $z'(x)$, 其中 x 为运动方向上行驶的距离, 那么有 $z(t) = z'(Vt)$。相应的功率谱之间的关系为

$$S^z(f) = \frac{1}{V} S^{z'}(n)$$

其中, f 表示频率, 单位为圈每秒; n 表示波数; 单位为圈每米, 并且 $f = nV$。

对于控制输出 $y(t)$, 若记 $z(t)$ 到 $y(t)$ 的传递函数为 $H(s)$, 那么 $y^2(t)$ 的期望可以表示为

$$E\left(y^2(t)\right) = \int_{-\infty}^{\infty} |H(\mathrm{j}2\pi f)|^2 S^z(f)\mathrm{d}f$$
$$= \frac{1}{2\pi} \int_{-\infty}^{\infty} |H(\mathrm{j}\omega)|^2 \frac{1}{V} S^{z'}(n(\omega))\mathrm{d}\omega$$

如果采用文献 [74] 提出的功率谱, 即

$$S^{z'}(n) = \kappa |n|^{-2} \quad (\mathrm{m}^3/\mathrm{cycle})$$

其中，κ 为路面平整系数。

$y(t)$ 的均方根值可以描述为

$$y_{rms} = \left(\frac{1}{2\pi V} \int_{-\infty}^{\infty} |H(j\omega)|^2 \frac{\kappa}{n(\omega)^2} d\omega \right)^{1/2}$$
$$= 2\pi (V\kappa)^{1/2} \left\| \hat{H}(s) \right\|_2$$

可以发现，$y(t)$ 的均方根值由一个标准的传递函数 H_2 范数 [75] 决定。

基于以上分析，簧载质量加速度的均方根值，即乘坐舒适性指标 J_1，定义为 [61]

$$J_1 = \left(\frac{1}{2\pi V} \int_{-\infty}^{\infty} \left| T_{\hat{z}_r \to \hat{z}_s}(j\omega) \right|^2 \frac{\kappa}{n(\omega)^2} d\omega \right)^{1/2}$$
$$= 2\pi (V\kappa)^{1/2} \| s T_{\hat{z}_r \to \hat{z}_s} \|_2$$

其中，$T_{x \to y}$ 为从 x 到 y 的传递函数；$\| \cdot \|_2$ 为传递函数的 H_2 范数。

同理，悬架行程性能指标 J_2 定义为 [61]

$$J_2 = 2\pi (V\kappa)^{1/2} \left\| \frac{1}{s} T_{\hat{z}_r \to (\hat{z}_s - \hat{z}_u)} \right\|_2 \tag{1.42}$$

轮胎动载荷性能指标 J_3 定义为 [61]

$$J_3 = 2\pi (V\kappa)^{1/2} \left\| \frac{1}{s} T_{\hat{z}_r \to k_t(\hat{z}_u - \hat{z}_r)} \right\|_2$$

乘坐舒适性 J_1、悬架行程 J_2 和轮胎动载荷 J_3 性能指标本质上是某一传递函数的 H_2 范数，即性能指标 J_i，$i = 1, 2, 3$，可以表示为

$$J_i = 2\pi (V\kappa H_i)^{1/2} \tag{1.43}$$

其中，H_i 为相应传递函数 H_2 范数的平方。

采用 1.1.7 节的方法，解析地求解传递函数 H_2 范数，可以得到这些性能指标的解析表达式。

除此之外，悬架系统还有平顺性、晕动可能性等其他性能指标，四分之一车辆模型性能指标如表 1.2 所示，其中 W_b、W_c 和 W_f 为权重函数 [61]。

需要注意的是，悬架性能指标的定义方法并不唯一。该种定义方法只是提供一种合理的定义思路。本书深入探讨该种定义方式下的 J_1、J_2 和 J_3。适用于其他情况下的不同悬架性能指标定义本书不再讨论。

表 1.2　四分之一车辆模型性能指标

性能指标	表达式
乘坐舒适性	$J_1 = 2\pi(V\kappa)^{1/2} \left\| \left(W_b \dfrac{\ddot{z}_s}{\dot{z}_r} \right)(\mathrm{j}\omega) \right\|_2$
悬架行程	$J_2 = 2\pi(V\kappa)^{1/2} \left\| \dfrac{z_s - z_u}{\dot{z}_r}(\mathrm{j}\omega) \right\|_2$
轮胎动载荷	$J_3 = 2\pi(V\kappa)^{1/2} \left\| \dfrac{F_r}{\dot{z}_r}(\mathrm{j}\omega) \right\|_2$
平顺性	$J_4 = 2\pi(V\kappa)^{1/2} \left\| W_c(\mathrm{j}\omega) \dfrac{\ddot{z}_s}{\dot{z}_r}(\mathrm{j}\omega) \right\|_2$
运输动载荷	$J_5 = \left\| \dfrac{z_s}{F_s}(\mathrm{j}\omega) \right\|_\infty$
悬架刚度	$J_6 = \dfrac{z_s}{F_s}(\mathrm{j}\omega)\big|_{\omega=0}$
晕动可能性	$J_7 = 2\pi(V\kappa)^{1/2} \left\| \left(W_f \dfrac{\ddot{z}_s}{\dot{z}_r} \right)(\mathrm{j}\omega) \right\|_2$

除非特别说明，本书采用表 1.3 所示的车辆参数和路面参数[38]。为了充分对比不同结构的性能，选择悬架静态刚度 K 的范围为 10~120 kN/m。这一范围覆盖不同车系的悬架刚度[38]。

表 1.3　车辆参数和路面参数

参数描述	数值
簧载质量 m_s/kg	250
非簧载质量 m_u/kg	35
轮胎刚度 k_t/(kN/m)	150
悬架静态刚度 K/(kN/m)	$10 \sim 120$
路面平整系数 κ/(m³/cycle)	5×10^{-7}
车辆行驶速度 V/(m/s)	25

1.3　小　　结

本章介绍惯容的概念、与无源机械网络的关系、半主动惯容，以及惯容的研究现状。惯容是一类双端点无源机械元件，满足两个端点承受的等量反向的力正比于两个端点相对加速度的特点，是一种"双端点的质量"。惯容的提出使机械网络和电路网络建立了一一对应关系，因此可使用电路网络综合方法设计机械网络。半主动惯容是一种惯容系数（惯容量）可在线调节的半主动装置，由于惯容量可在线调节，因此具有根据外界环境变化自适应调整结构参数的特性，是对惯容在半主动系统中的推广。目前，惯容已经应用在包括一级方程式赛车悬架系统在内的各类机械系统中，可有效提升系统性能。本书重点研究惯容在车辆悬架系统中的应用问题，因此关于车辆悬架系统及其性能指标的分析计算问题也给出了相关介绍。

第 2 章　给定结构的含惯容无源悬架系统设计

给定结构的悬架系统设计方法是常见的悬架系统设计方法。本章讨论图 1.15 所示的无源悬架的性能表现。我们要回答的问题是：增加结构的复杂度在什么条件下对系统性能是有提升的？解答的手段是，解析给出每增加一个元件在什么特定条件下是有益的。首先，采用 1.1.7 节所述的方法，得到乘坐舒适性、悬架行程和轮胎动载荷三个性能指标的解析表达式。然后，针对图 1.15 中机械网络在单一性能指标要求下，进行两两直接对比分析，指出不同位置上的元件对乘坐舒适性、悬架行程和轮胎动载荷三个指标的影响；接下来，通过调用优化算法，对比各个机械网络对单一性能指标的最优性能；最后，通过乘坐舒适性、悬架行程和轮胎动载荷三个指标进行两两组合，构成混合性能指标，对图 1.15 中的网络进行多性能指标下的性能分析，特别是研究悬架行程对于乘坐舒适性和轮胎动载荷的约束。

2.1　性能指标解析表达式

本节给出图 1.15 所示的机械网络的乘坐舒适性、悬架行程和轮胎动载荷的性能指标解析表达式。由式 (1.43) 可知，性能指标由一个传递函数的 H_2 范数决定。因此，这里用 H 表示这些性能指标的解析表达式，忽略由路面平整系数和车速决定的常数项。按照相同的方法，文献 [39] 已经给出了图 1.15 中结构 C1、C4，以及图 1.16 中 TC1 和 TC2 的表达式。与文献 [39] 不同，本节给出的解析表达式表现形式为

复杂结构的性能指标 = 简单结构的性能指标 + 剩余部分

这样，通过考察剩余部分的符号，即可得到复杂结构优于简单结构的条件。条件既可以用来判断某类元件在不同结构形式下的取值大小，也可用来判断针对某一性能指标，是否有必要将现有简单结构升级为复杂结构，或判断现有复杂结构中，是否有某一元件是多余的。我们要解决的问题是，增加结构的复杂度在什么条件下对系统性能是有提升的？解答的手段是解析给出在什么特定条件下每增加一个元件是有益的。

针对图 1.15 和图 1.16 中的结构，乘坐舒适性性能指标的解析表达式为

$$H_{\mathrm{TC1J1}} = d_1 c + d_2 c^{-1} \tag{2.1}$$

$$H_{TC2J1} = H_{TC1J1} + (d_3 k^{-1} + d_4 k^{-2})c \tag{2.2}$$

$$H_{C1J1} = H_{TC1J1} + (g_3 b^3 + g_2 b^2 + g_1 b)(f_1 b + f_0)^{-1} c^{-1} \tag{2.3}$$

$$H_{C2J1} = H_{TC1J1} + (d_5 b^{-1} + d_6 b^{-2})c \tag{2.4}$$

$$H_{C3J1} = H_{TC2J1} + (d_5 b^{-1} + d_6 b^{-2} - 2d_2 b^{-1} k^{-1})c \tag{2.5}$$

$$= H_{C2J1} + [(d_3 - 2d_2 b^{-1})k^{-1} + d_4 k^{-2}]c \tag{2.6}$$

$$H_{C4J1} = H_{C2J1} + [(d_7 + d_8 b^{-1} + d_9 b^{-2})k^2 - (d_5 + 2d_6 b^{-1})k]c^{-1} \tag{2.7}$$

$$H_{C5J1} = H_{TC2J1} - \frac{b(g_7 b^3 - g_6 b^2 + g_5 b - g_4)}{(b^2 - f_2 kb + f_3 k^2)^2 k^2} c \tag{2.8}$$

$$= H_{C2J1} - \frac{k(g_{11} k^3 + g_{10} k^2 + g_9 k + g_8)}{(k^2 - f_4 kb + f_5 b^2)^2 b^2} c \tag{2.9}$$

$$H_{C6J1} = H_{TC2J1} + \frac{k_t(K+k)b(k_t(K+k)b - 2m_u Kk)}{2m_s^2 m_u k^2 c} \tag{2.10}$$

$$= H_{C1J1} + d_{10} + d_{11} k^{-1} + d_{12} k^{-2} \tag{2.11}$$

$$H_{C7J1} = H_{TC2J1} - \frac{k_t b(d_{16} b^3 + d_{15} b^2 + d_{14} b + d_{13})}{2(m_s b + m_s m_u + m_u b)^2 k^2 m_s^2 c} \tag{2.12}$$

$$H_{C8J1} = H_{TC1J1} + \frac{k_t kb(d_{18} b + d_{17})}{2m_s^2 (k_t b - m_s k - m_u k)^2 c} \tag{2.13}$$

其中

$$d_1 = \frac{k_t}{2m_s^2}$$

$$d_2 = \frac{(m_s + m_u)K^2}{2m_s^2}$$

$$d_3 = \frac{k_t K}{m_s^2}$$

$$d_4 = \frac{k_t K^2}{2m_s^2}$$

$$d_5 = -\frac{(m_s + m_u)K}{m_s^2}$$

$$d_6 = \frac{(m_s + m_u)^2 K^2 + k_t m_s^2 K}{2m_s^2 k_t}$$

$$d_7 = \frac{m_s + m_u}{2m_s^2}$$

$$d_8 = -\frac{2(m_s + m_u)^2 K + m_s^2 k_t}{2m_s^2 k_t}$$

$$d_9 = \frac{(m_s + m_u)^3 K^2 + 2m_s^2(m_s + m_u)k_t K + m_s^3 k_t^2}{2(m_s k_t)^2}$$

$$d_{10} = \frac{k_t^2 b^3}{2m_s m_u c(m_u b + m_s b + m_s m_u)}$$

$$d_{11} = \frac{k_t K(b^2 k_t - m_u K b + c^2 m_u)}{c m_s^2 m_u}$$

$$d_{12} = \frac{(b^2 k_t + c^2 m_u) k_t K^2}{2 c m_s^2 m_u}$$

$$d_{13} = 2 m_s^2 m_u (k^2 K m_u + K k_t c^2 + k k_t c^2)$$

$$d_{14} = [m_s(4 k_t m_u + m_s k_t)c^2 + m_s(4 k^2 m_s m_u + 4 m_u^2 k^2)]K + m_s(m_s k_t k$$
$$+ 4 k k_t m_u - k_t^2 m_s)c^2 - k^2 k_t m_u m_s^2$$

$$d_{15} = [(2 k_t m_u + 2 m_s k_t)c^2 + 2 k^2 m_s^2 + 4 k^2 m_s m_u + 2 m_u^2 k^2]K$$
$$+ (2 m_s k_t k + 2 k k_t m_u - 2 k_t^2 m_s)c^2 - 2 k_t m_s m_u k^2 - m_s^2 k_t k^2$$

$$d_{16} = -k_t(k^2 m_u + k^2 m_s + c^2 k_t)$$

$$d_{17} = -2k(m_s + m_u)^2 K + k k_t m_s^2$$

$$d_{18} = 2 k_t(m_s + m_u)K + (m_s + m_u)k_t k$$

$$f_0 = 2 m_s^3 m_u$$

$$f_1 = 2(m_s + m_u)m_s^2$$

$$f_2 = \frac{m_s k_t + m_s K + m_u K}{K k_t}$$

$$f_3 = \frac{m_s m_u}{k_t K}$$

$$f_4 = \frac{m_s k_t + m_s K + m_u K}{m_s m_u}$$

$$f_5 = \frac{k_t K}{m_s m_u}$$

$$g_0 = m_s m_u(m_s + m_u)K^2$$

$$g_1 = -2 m_s m_u k_t K$$

$$g_2 = -2 k_t(m_s + m_u)K + m_s k_t^2$$

$$g_3 = k_t^2$$

$$g_4 = \frac{m_u k^4}{K} + k^3 m_u$$

$$g_5 = \left[\frac{4 m_u + m_s}{2 m_s} + \frac{k_t}{K}\right]k^3 + \left[\frac{(4 m_u + m_s)K}{2 m_s} + \frac{k_t}{2}\right]k^2$$

$$g_6 = \left[\frac{(m_s + m_u)K}{m_s^2} + \frac{2 k_t}{m_s}\right]k^2 + \left[\frac{(m_s + m_u)K^2}{m_s^2} + \frac{k_t K}{m_s}\right]k$$

$$g_7 = \frac{k_t K(2k + K)}{2 m_s^2}$$

$$g_8 = \left[\frac{k_t(m_s + m_u)^2 K^3}{m_s^4 m_u 2} + \frac{k_t^2 K^2}{2 m_s^2 m_u^2}\right]b^4 - \left[\frac{(m_s + m_u)^3 K^4}{m_s^4 m_u^2}\right.$$
$$\left. + \frac{2 k_t(m_s + m_u)K^3}{m_s^2 m_u^2} + \frac{k_t^2 K^2}{m_s m_u^2}\right]b^3$$

$$g_9 = \left[-\frac{(m_s + m_u)^3 K^3}{m_s^4 m_u^2} - \frac{2 k_t(m_s + m_u)^2 K^2}{m_s^3 + m_u^2} - \frac{k_t^2 K}{m_s m_u^2}\right]b^3$$

$$+ \left[\frac{k_t^2 K}{2m_u^2} + \frac{(3m_s + 4m_u)(m_s + m_u)^2 K^3}{2m_s^3 m_u^2} \right.$$

$$\left. + \frac{3k_t(m_s + 2m_u)K^2}{2m_s m_u^2} + \frac{(m_s + m_u)^4 K^4}{2k_t m_s^4 m_u^2} \right] b^2$$

$$g_{10} = \left[\frac{2(m_s + m_u)^2 K^2}{m_s^3 m_u} + \frac{k_t(2m_s + m_u)K}{m_s^2 m_u} \right] b^2$$

$$- \left[\frac{(m_s + m_u)^3 K^3}{m_s^3 m_u k_t} + \frac{(m_s + m_u)(2m_s + m_u)K^2}{m_s^2 m_u} + \frac{k_t K}{m_u} \right] b$$

$$g_{11} = -\frac{K(m_s + m_u)b}{m_s^2} + \frac{(m_s + m_u)^2 K^2}{2m_s^2 k_t} + \frac{K}{2}$$

$$g_{12} = -\frac{m_u^2(m_s K + m_u K - m_s k_t)}{K^2} k^4$$

$$- \frac{m_u(m_s^2 k_t^2 + m_s m_u K^2 + m_u^2 K^2 - 2m_s m_u k_t K)}{K^2} k^3$$

$$g_{13} = \left[\frac{2m_u(m_s + m_u)^2}{m_s} - \frac{k_t m_u^2}{K} - \frac{m_s k_t^2(m_s + 2m_u)}{2K^2} \right] k^3$$

$$+ \left[\frac{2m_u(m_s + m_u)^2 K}{m_s} - \frac{1}{2} k_t m_u(4m_s + 7m_u) \right.$$

$$\left. + \frac{m_s k_t^2(m_s + 2m_u)}{2K} + \frac{m_s^2 k_t^3}{2K^2} \right] k^2$$

$$g_{14} = - \left[\frac{(m_s + m_u)^3 K}{m_s^2} + \frac{k_t(m_s + m_u)^2}{m_s} - \frac{k_t^2(m_s + 2m_u)}{K} \right] k^2$$

$$- \left[\frac{(m_s + m_u)^3 K^2}{m_s^2} - \frac{m_u(m_s + m_u)k_t K}{m_s} + \frac{k_t^2(m_s k_t - m_u K)}{K} \right] k$$

$$g_{15} = \left[\frac{(m_s + m_u)^2 k_t K}{m_s^2} - \frac{(m_s + 2m_u)k_t^2}{2m_s} \right] k$$

$$+ \frac{k_t(m_s + m_u)^2 K^2}{2m_s^2} - \frac{(m_s + 2m_u)k_t^2 K}{2m_s} + \frac{k_t^3}{2}$$

$$g_{16} = \left[\frac{(m_s + m_u)^4 k_t K^3}{m_s^4 m_u^2} + \frac{(m_s + m_u)^2 k_t^2(m_s - 2m_u)K^2}{2m_s^3 m_u^2} \right] b^4$$

$$- \left[\frac{(m_s + m_u)^5 K^4}{m_s^4 m_u^2} + \frac{2(m_s + m_u)^3(m_s - m_u)k_t K^3}{m_s^3 m_u^2} \right.$$

$$\left. + \frac{(m_s + m_u)(m_s^2 + m_u^2 - m_s m_u)k_t^2 K^2}{m_s^2 m_u^2} \right] b^3$$

$$g_{17} = \left[\frac{k_t^2(m_s - 2m_u)(m_s + m_u)^2 K}{m_s^2 m_u^2} - \frac{k_t(2m_s + m_u)(m_s + m_u)^3 K^2}{m_s^3 m_u^2} \right.$$

$$\left. - \frac{(m_s + m_u)^5 K^3}{m_s^4 m_u^2} \right] b^3 + \left[\frac{(3m_s + 2m_u)(m_s + m_u)^4 K^3}{2m_s^3 m_u^2} \right.$$

$$+ \frac{(m_s + m_u)^6 K^4}{2k_t m_s^4 m_u^2} + \frac{k_t(3m_s^2 + 2m_s m_u - 7m_u^2)(m_s + m_u)^2 K^2}{2m_s^2 m_u^2}$$

$$+ \frac{k_t^2(m_s^3 + 4m_u^3)K}{m_s m_u^2}\Bigg] b^2$$

$$g_{18} = \left[\frac{2(m_s + m_u)^4 K^2}{m_s^3 m_u} + \frac{k_t(2m_s - m_u)(m_s + m_u)^2 K}{m_s^2 m_u} - \frac{k_t^2(3m_s + 2m_u)}{2m_s}\right] b^2$$

$$- \left[\frac{(m_s + m_u)^5 K^3}{m_s^3 m_u k_t} + \frac{(2m_s - m_u)(m_s + m_u)^3 K^2}{m_s^2 m_u}\right.$$

$$+ \left.\frac{k_t(m_s + m_u)(m_s^2 - m_s m_u - m_u^2)K}{m_s m_u} + k_t^2 m_u\right] b$$

$$g_{19} = \left[-\frac{(m_s + m_u)^3 K}{m_s^2} + \frac{m_u k_t(m_s + m_u)}{m_s}\right] b + \frac{m_u(m_s + m_u)k_t}{m_s}$$

$$+ \frac{(m_s - 2m_u)(m_s + m_u)^2 K}{2m_s} + \frac{k_t m_u^2}{2}$$

悬架行程性能指标解析表达式为

$$H_{\mathrm{TC1}J2} = e_1 c^{-1} \tag{2.14}$$

$$H_{\mathrm{TC2}J2} = H_{\mathrm{TC1}J2} + e_2 k^{-2} c \tag{2.15}$$

$$H_{\mathrm{C1}J2} = H_{\mathrm{TC1}J2} \tag{2.16}$$

$$H_{\mathrm{C2}J2} = H_{\mathrm{TC1}J2} + e_3 b^{-2} c \tag{2.17}$$

$$H_{C3J2} = H_{C2J2} + (e_2 k^{-2} - 2e_1 k^{-1} b^{-1})c \tag{2.18}$$

$$= H_{\mathrm{TC2}J2} + (e_3 b^{-2} - 2e_1 k^{-1} b^{-1})c \tag{2.19}$$

$$H_{C4J2} = H_{C2J2} + [(e_4 b^{-2} + e_5 b^{-1})k^2 - 2e_3 b^{-1} k]c^{-1} \tag{2.20}$$

$$H_{C5J2} = H_{\mathrm{TC2}J2} + \frac{e_6 b^3 - e_7 k b^2 + (e_8 k^2 - m_s^2 k^3)b - e_9 k^3}{2(Kk_t b^2 - e_{10}kb + k^2 m_s m_u)^2 k^2} \tag{2.21}$$

$$= H_{C2J2} + \frac{ck(e_{11}b^4 + e_{12}b^3 - e_{13}kb^2 + e_{14}bk^2 - e_{15}k^3)}{2k_t K b^2(Kk_t b^2 - e_{10}kb + k^2 m_s m_u)^2} \tag{2.22}$$

$$H_{C6J2} = H_{\mathrm{TC2}J2} + \left[k_t^2 b^2 k^{-2}/(2m_u) - k_t b k^{-1}\right] c^{-1} \tag{2.23}$$

$$= H_{C1J2} + k_t k^{-2} c/2 + \left[k_t^2 b^2 k^{-2}/(2m_u) - k_t b k^{-1}\right] c^{-1} \tag{2.24}$$

$$H_{C7J2} = H_{\mathrm{TC2}J2} \tag{2.25}$$

$$H_{C8J2} = H_{\mathrm{TC1}J2} \tag{2.26}$$

其中

$$e_1 = \frac{m_s + m_u}{2}$$

$$e_2 = \frac{k_t}{2}$$

$$e_3 = \frac{(m_s + m_u)^2 K + m_s^2 k_t}{2k_t K}$$

$$e_4 = \frac{(m_s + m_u)^3 K^2 + 2(m_s + m_u)k_t m_s^2 K + k_t^2 m_s^3}{2K^2 k_t^2}$$

$$e_5 = \frac{m_s^2}{2K^2}$$

$$e_6 = k_t K^2$$

$$e_7 = 2[(m_s + m_u)K^2 + Kk_t m_s]$$

$$e_8 = m_s^2(K + k_t) + 4m_s m_u K$$

$$e_9 = 2m_s^2 m_u$$

$$e_{10} = (m_s + m_u)K + m_s k_t$$

$$e_{11} = Kk_t^3 m_s^3$$

$$e_{12} = 2k_t(m_s + m_u)^3 K^3 + 2k_t^2 m_s^2(m_s + m_u)K^2 + 2k_t^3 m_s^3 K$$

$$e_{13} = (m_s + m_u)^4 K^3 + m_s k_t(3m_s + 4m_u)(m_s + m_u)^2 K^2$$
$$\qquad + 3k_t^2 m_s^3(m_s + 2m_u)K + k_t^3 m_s^4$$

$$e_{14} = 2m_s m_u(m_s + m_u)^3 K^2 + 2k_t m_s^2 m_u(m_s + m_u)(2m_s + m_u)K + 2k_t^2 m_s^4 m_u$$

$$e_{15} = m_s^2 m_u^2[(m_s + m_u)^2 K + m_s^2 k_t]$$

轮胎动载荷性能指标解析表达式为

$$H_{\text{TC1J3}} = a_1 c + a_2 c^{-1} \tag{2.27}$$

$$H_{\text{TC2J3}} = H_{\text{TC1J3}} + (a_3 k^{-1} + a_4 k^{-2})c \tag{2.28}$$

$$H_{\text{C1J3}} = H_{\text{TC1J3}} + (a_5 b^2 - a_3 b)c^{-1} \tag{2.29}$$

$$H_{\text{C2J3}} = H_{\text{TC1J3}} + (a_6 b^{-1} + a_7 b^{-2})c \tag{2.30}$$

$$H_{\text{C3J3}} = H_{\text{TC2J3}} + (a_6 b^{-1} + a_7 b^{-2} - 2a_2 b^{-1} k^{-1})c \tag{2.31}$$

$$= H_{\text{C2J3}} + [(a_3 - 2a_2 b^{-1})k^{-1} + a_4 k^{-2}]c \tag{2.32}$$

$$H_{\text{C4J3}} = H_{\text{C2J3}} + [(a_8 + a_9 b^{-1} + a_{10} b^{-2})k^2 - (a_6 + 2a_7 b^{-1})k]c^{-1} \tag{2.33}$$

$$H_{\text{C5J3}} = H_{\text{TC2J3}} - \frac{b(g_{15} b^3 + g_{14} b^2 + g_{13} b + g_{12})}{(b^2 - f_2 kb + f_3 k^2)^2 k^2}c \tag{2.34}$$

$$= H_{\text{C2J3}} - \frac{k(g_{19} k^3 + g_{18} k^2 + g_{17} k + g_{16})}{(k^2 - f_4 kb + f_5 b^2)^2 b^2}c \tag{2.35}$$

$$H_{\text{C6J3}} = H_{\text{TC2J3}} + (a_{12} b^2 - a_{11} b)c^{-1} \tag{2.36}$$

$$= H_{\text{C1J3}} + a_{14} k^{-2} + a_{13} k^{-1} \tag{2.37}$$

$$H_{\text{C7J3}} = H_{\text{TC2J3}} + \frac{k_t b}{2k^2 m_s^2 c}(a_{16} b + a_{15}) \tag{2.38}$$

$$H_{\text{C8J3}} = H_{\text{TC1J3}} + \frac{k_t k b(m_s + m_u)(a_{18} b + a_{17})}{2m_s^2(k_t b - m_s k - m_u k)^2 c} \tag{2.39}$$

其中

$$a_1 = \frac{(m_s + m_u)^2 k_t}{2m_s^2}$$

$$a_2 = \frac{(m_s + m_u)^3 K^2}{2m_s^2} - \frac{m_u(m_s + m_u)k_t K}{m_s} + \frac{m_u k_t^2}{2}$$

$$a_3 = \frac{2(m_s + m_u)^2 k_t K - m_s(m_s + 2m_u)k_t^2}{2m_s^2}$$

$$a_4 = \frac{(m_s + m_u)^2 k_t K^2 - m_s(m_s + 2m_u)k_t^2 K + m_s^2 k_t^3}{2m_s^2}$$

$$a_5 = \frac{(m_s + m_u)k_t^2}{2m_s^2}$$

$$a_6 = \frac{-(m_s + m_u)^3 K + m_s m_u(m_s + m_u)k_t}{m_s^2}$$

$$a_7 = \frac{(m_s + m_u)^4 K^2 + (m_s + m_u)^2(m_s - 2m_u)m_s k_t K + (m_s m_u k_t)^2}{2m_s^2 k_t}$$

$$a_8 = \frac{(m_s + m_u)^3}{2m_s^2}$$

$$a_9 = \frac{-2(m_s + m_u)^4 K + m_s(m_s + m_u)^2(2m_u - m_s)k_t}{2m_s^2 k_t}$$

$$a_{10} = \frac{m_s + m_u}{2m_s^2 k_t^2}[(m_s + m_u)^4 K^2 + 2m_s(m_s + m_u)^2(m_s - m_u)k_t K + (m_u^2 - m_s m_u + m_s^2)(m_s k_t)^2]$$

$$a_{11} = \frac{(m_s + m_u)^2 k_t K}{m_s^2} + \frac{(m_s + 2m_u)k_t^2}{2m_s} + \left[\frac{(m_s + m_u)^2 k_t K^2}{m_s^2} + \frac{(m_s + 2m_u)k_t^2 K}{m_s} + k_t^3\right] k^{-1}$$

$$a_{12} = \frac{k_t^2(m_s + m_u)}{2m_s^2} + \frac{k_t^2[(m_s + m_u)K - m_s k_t]}{m_s^2} k^{-1} + \left[\frac{k_t^2(m_s + m_u)K^2}{2m_s^2} - \frac{k_t^3 K}{m_s} + \frac{k_t^4}{2m_u}\right] k^{-2}$$

$$a_{13} = \left[\frac{(m_s + m_u)k_t^2 K}{m_s^2 c} - \frac{k_t^3}{m_s c}\right] b^2 - \left[\frac{k_t K^2(m_s + m_u)^2}{m_s^2 c} - \frac{(m_s + 2m_u)k_t^2 K}{m_s c} + \frac{k_t^3}{c}\right] b + \frac{k_t(m_s + m_u)^2 K c}{m_s^2} - \frac{k_t^2(m_s + 2m_u)}{2m_s}$$

$$a_{14} = \left[\frac{k_t^2(m_s + m_u)K^2}{2m_s^2 c} - \frac{k_t^3 K}{m_s c} + \frac{k_t^4}{2m_u c}\right] b^2 + \frac{k_t c(m_s + m_u)^2 K^2}{2m_s^2} - \frac{c k_t^2(m_s + 2m_u)K}{2m_s} + \frac{k_t^3 c}{2}$$

$$a_{15} = [-2(m_s + m_u)^2 K + m_s k_t(m_s + 2m_u)]k^2 - 2c^2 k_t[(m_s + m_u)(K + k) - m_s k_t]$$

$$a_{16} = k_t(m_s k^2 + m_u k^2 + k_t c^2)$$

2.2 单一性能指标直接对比分析

由于图 1.15 所示的 C1 和 C2 已经简化为图 1.17 中的结构，因此除 C1 和 C2 外的其他结构均可视为在 TC1、TC2，C1 或 C2 基础上增加一个元件得到的结构。简化后的 C1 和 C2 也可视为在 TC1 基础上增加一个惯容得到的结构。这样，直接对比分析即在保持相同元件系数不变的情况下，考察增加元件的系数为何值时，增加后的网络性能优于未增加时的性能。所得结果可以用来判断某一性能，是否有必要将简单结构扩展为复杂结构；若需要扩展，对元件系数有何要求。反过来，也可以判断复杂结构中针对某一性能是否有些元件是多余的。接下来，我们就乘坐舒适性、悬架行程和轮胎动载荷性能指标进行讨论。本节采用表 1.3 所示的车辆参数。

1. 乘坐舒适性

① 根据式 (2.2)，由于 $d_3 > 0$、$d_4 > 0$，因此对于乘坐舒适性，结构 TC2 中的串联弹簧是多余的。这解释了文献 [38]，[39] 的优化结果中，针对舒适性指标，TC2 总会退化为 TC1 的现象。

② 通过考察式 (2.3) 和式 (2.4) 中的剩余部分，可以得出如下条件。

第一，对于乘坐舒适性，并联结构 C1 优于 TC1 的条件是 $b < b_1 < \sqrt{4Km_sm_uk_t^{-1}}$，其中 $b_1 = (\sqrt{g_2^2 - 4g_1g_3} - g_2)(2g_3)^{-1}$。

第二，对于乘坐舒适性，串联结构 C2 优于 TC1 的条件是 $b > -d_6/d_5 = 1/2[K/k_t + 1/(1 + m_u/m_s)^2](m_s + m_u) \approx 1/2(m_s + m_u)$。

通常来讲，b_1 相对较小，而 $-d_6/d_5$ 相对较大。例如，当 $K = 60 \text{ kNm}^{-1}$ 时，$b_1 = 73.39 \text{ kg}$，$-d_6/d_5 = 166.60 \text{ kg}$。

因此，对于乘坐舒适性，我们可以得出如下结论。

第一，并联的惯容需要较小的惯容量。

第二，串联的惯容需要较大的惯容量。

这与文献 [38]，[39] 中的优化结果一致。例如，当 $K = 60 \text{ kNm}^{-1}$ 时，最优并联惯容量为 31.27 kg，最优串联惯容量为 333.30 kg。

③ 通过考察式 (2.5) 和式 (2.6) 中的剩余部分，可以得出如下条件。

第一，对于乘坐舒适性，C3 优于 TC2 的条件是 $b > d_6(2d_2k^{-1} - d_5)^{-1}$。

第二，对于乘坐舒适性，C3 优于 C2 的条件是 $b < K(m_s + m_u)k_t^{-1}$ 并且 $k > d_4(2d_2b^{-1} - d_3)^{-1}$。

由 C3 优于 TC2 的条件可知，对于舒适性，串联惯容需相对较大的惯容量。C3 优于 C2 的条件可以解释 C3 总会退化为 C2 的原因，即对于乘坐舒适性，C2 中串联惯容的惯容量需约大于 $1/2(m_s + m_u)$。由于文献 [38]，[39] 中的车辆参数，

K/k_t 通常小于 $1/2$，因此 $b < K(m_s + m_u)k_t^{-1}$ 的条件不能满足。所以，在最优乘坐舒适性情况下，C3 必然退化为 C2。

④ 通过考察式 (2.7) 中的剩余部分，对于乘坐舒适性，C4 优于 C2 的条件是 $b < -2d_6/d_5$、$k < (d_5 + 2d_6b^{-1})(d_7 + d_8b^{-1} + d_9b^{-2})^{-1}$。这说明，对比 C4 和 C2，在 C2 基础上增加一个弹簧可以提高乘坐舒适性，但要求惯容量和增加的弹簧刚度相对较小。

⑤ 通过考察式 (2.8) 和式 (2.9) 中的剩余部分，可以得出如下条件。

第一，对于乘坐舒适性，C5 优于 TC2 的条件为 $g_7b^3 - g_6b^2 + g_5b - g_4 > 0$。

第二，对于乘坐舒适性，C5 优于 C2 的条件为 $g_{11}k^3 + g_{10}k^2 + g_9k + g_8 > 0$。

⑥ 通过考察式 (2.10) 和式 (2.11) 中的剩余部分，可以得出如下条件。

第一，对于乘坐舒适性，C6 优于 TC2 的条件为 $b < 2m_uKk[k_t(K + k)]^{-1}$。

第二，对于乘坐舒适性，C6 优于 C1 的条件为 $d_{10} + d_{11}k^{-1} + d_{12}k^{-2} < 0$。

注意到，$d_{12} > 0$、$d_{10} > 0$，因此 C6 优于 C1 的条件为

$$c < 1/2(K\sqrt{m_u/k_t})$$

$$b > m_uK/(2k_t) - \sqrt{K^2m_u^2/(4k_t^2) - c^2m_u/k_t}$$

并且

$$b < m_uK/(2k_t) + \sqrt{K^2m_u^2/(4k_t^2) - c^2m_u/k_t}$$

$$\frac{-d_{11} - \sqrt{d_{11}^2 - 4d_{10}d_{12}}}{2d_{12}} < k^{-1} < \frac{-d_{11} + \sqrt{d_{11}^2 - 4d_{10}d_{12}}}{2d_{12}}$$

⑦ 通过考察式 (2.12) 的剩余部分，对于乘坐舒适性，C7 优于 TC2 的条件为

$$d_{16}b^3 + d_{15}b^2 + d_{14}b + d_{13} > 0$$

注意到，$d_{16} < 0$、$d_{13} < 0$，因此对于较大的惯容量 b，式 (2.12) 的剩余部分大于 0，意味着，在 TC2 基础上增加并联惯容会恶化乘坐舒适性；当惯容量 b 较小时，式 (2.12) 的剩余部分小于 0，意味着在 TC2 基础上增加并联惯容会改善乘坐舒适性。这与 C1 与 TC1 的对比吻合，即并联惯容需要较小的惯容量。

⑧ 通过考察式 (2.13) 中的剩余部分，对于乘坐舒适性，C8 优于 TC1 的条件为

$$d_{18}b + d_{17} < 0$$

注意到，$d_{18} > 0$，当 $K < \dfrac{m_s^2k_t}{2(m_s + m_u)^2}$ 时，$d_{17} > 0$。因此，对于较软悬架，即静态刚度较小的悬架，在 TC1 基础上增加串联弹簧-惯容结构会降低乘坐舒适性；对于较硬悬架，即静态刚度较大的悬架，虽然在 TC1 基础上增加串联弹簧-惯容结构会提高乘坐舒适性，但需要惯容具有较小的惯容量。

2. 悬架行程

① 当只考虑悬架行程性能时，通过选取元件参数为 0 或无穷大，每个结构最优的悬架行程均为 0。这与实际情况相符，即簧载质量与非簧载质量硬性连接时，悬架行程必然为 0。

② TC2、C2 和 C7 不能提供比 TC1 更好的悬架行程；C1、C8 与 TC1 的悬架行程性能相同。

③ 根据式 (2.18)，对于悬架行程，C3 优于 C2 的条件为 $k^{-1} < 2e_1 b^{-1}/e_2$；根据式 (2.19)，对于悬架行程，C3 优于 TC2 的条件为 $b^{-1} < 2e_1 k^{-1}/e_3$。

④ 根据式 (2.20)，可以得出条件：对于悬架行程，C4 优于 C2 的条件为

$$k < \frac{2e_3 b^{-1}}{e_4 b^{-2} + e_5 b^{-1}}$$

⑤ 根据式 (2.21)，对于悬架行程，C5 优于 TC2 的条件为

$$e_6 b^3 - e_7 k b^2 + (e_8 k^2 - m_s^2 k^3) b - e_9 k^3 < 0$$

根据式 (2.22)，对于悬架行程，C5 优于 C2 的条件为

$$e_{11} b^4 + e_{12} b^3 - e_{13} k b^2 + e_{14} b k^2 - e_{15} k^3 < 0$$

⑥ 根据式 (2.23)，对于悬架行程，C6 优于 TC2 的条件为 $b < 2m_u k/k_t$。根据式 (2.24)，对于悬架行程，C6 优于 C1 的条件为 $k^{-1} < 2m_u b/(m_u c^2 + k_t b^2)^{-1}$。

3. 轮胎动载荷

① 根据式 (2.28)，由于 $a_4 > 0$，因此对于轮胎动载荷，结构 TC2 优于 TC1 的条件为

$$K < m_s(m_s + 2m_u)k_t/(2(m_s + m_u)^2), \quad k > -a_4/a_3$$

这说明，结构 TC2 只有在软悬架并且串联弹簧刚度 k 较大时，轮胎动载荷性能才优于 TC1。采用本节的车辆参数，只有当 $K < 73.87$ kNm^{-1} 时，TC2 才优于 TC1。当 $K = 60$ kNm^{-1} 时，串联弹簧 k 需要大于 434.38 kNm^{-1}(大约轮胎刚度 k_t 的三倍) 才能使 TC2 优于 TC1。

② 通过考察式 (2.29) 和式 (2.30) 中的剩余部分，可以得出如下条件。

第一，对于轮胎动载荷，并联结构 C1 优于 TC1 的条件是 $K > m_s(m_s + 2m_u)k_t/[2(m_s + m_u)^2]$，并且 $b < a_3/a_5$。

第二，对于轮胎动载荷，串联结构 C2 优于 TC1 的条件是 $K > m_s m_u k_t/(m_s + m_u)^2$，并且 $b > -a_7/a_6$。

因此，不论并联结构 C1 还是串联结构 C2，都只在静态刚度较大时才能提高轮胎动载荷性能；并联结构需要较小惯容量；串联结构需要较大惯容量。

例如，针对本节参数，只有在 $K > 73.87 \text{ kNm}^{-1}$ 时，并联结构 C1 才优于 TC1，而当 $K = 80 \text{ kNm}^{-1}$ 时，并联惯容的惯容量需要小于 23.30 kg；串联结构 C2 只有在 $K > 16.16 \text{ kNm}^{-1}$ 时优于 TC1，而当 $K = 60 \text{ kNm}^{-1}$ 时，串联惯容量需大于 191.71 kg。

③ 通过考察式 (2.31) 和式 (2.32) 中的剩余部分，可以得出如下条件。

第一，对于轮胎动载荷，C3 优于 TC2 的条件是 $b > a_7(2a_2k^{-1} - a_6)^{-1}$。

第二，对于轮胎动载荷，C3 优于 C2 的条件是 $k > a_4(2a_2b^{-1} - a_3)^{-1}$。

这些条件进一步说明，对于轮胎动载荷，串联的惯容需要较大惯容量；串联的弹簧需要较大的刚度。

④ 通过考察式 (2.33) 中的剩余部分，对于轮胎动载荷，C4 优于 C2 的条件为 $k < (a_6 + 2a_7b^{-1})(a_8 + a_9b^{-1} + a_{10}b^{-2})^{-1}$，$b < -2a_7/a_6$。这说明，对比 C4 和 C2，在 C2 基础上增加一个弹簧可以提高轮胎动载荷，但要求惯容量和所增加的弹簧刚度相对较小。

⑤ 通过考察式 (2.34) 和式 (2.35) 中的剩余部分，可以得出如下结论。

第一，对于轮胎动载荷，C5 优于 TC2 的条件为 $g_{15}b^3 + g_{14}b^2 + g_{13}b + g_{12} > 0$；

第二，对于轮胎动载荷，C5 优于 C2 的条件为 $g_{19}k^3 + g_{18}k^2 + g_{17}k + g_{16} > 0$。

⑥ 根据式 (2.36)，由于 $a_{11} > 0$，a_{12} 是 k^{-1} 的二次函数，且 $a_{12} > 0$。因此，对于轮胎动载荷，C6 优于 TC2 的条件是 $b < a_{11}/a_{12}$。

根据式 (2.37)，由于 a_{14} 是 b 的二次函数，并且 $a_{14} > 0$，a_{13} 也是 b 的二次函数，因此对于轮胎动载荷，当 $a_{13} < 0$ 时，C6 优于 C1 的条件是 $k^{-1} < -a_{13}/a_{14}$；当 $a_{13} > 0$ 时，C6 退化为 C1，即串联弹簧无作用。

⑦ 通过考察式 (2.38) 中的剩余部分，对于轮胎动载荷，C7 优于 TC2 的条件是 $a_{16}b + a_{15} < 0$。注意到 $a_{16} > 0$，当 $K < \min \left\{ \dfrac{m_s k_t (m_s + 2m_u)}{2(m_s + m_u)^2} \ \dfrac{m_s k_t}{m_s + m_u} - k \right\}$ 时，$a_{15} > 0$，意味着在较软悬架时，在 TC2 基础上增加并联惯容会降低轮胎动载荷；在较硬悬架时，在 TC2 基础上增加并联惯容会提高轮胎动载荷，并且要求惯容量较小，即并联惯容需要较小的惯容量，同时需要较硬悬架。

⑧ 通过考察式 (2.39) 中的剩余部分，对于轮胎动载荷，C8 优于 TC1 的条件是 $a_{18}b + a_{17} < 0$。当 $\dfrac{k_t m_s m_u}{(m_s + m_u)^2} < K < \dfrac{k_t m_s (m_s + 2m_u)}{2(m_s + m_u)^2}$ 时，不论 b 和 k 为何值，总有 $a_{17} > 0$，$a_{18} > 0$，因此此时在 TC1 基础上增加串联弹簧-惯容结构必然会降低轮胎动载荷性能。当 $K \leqslant \dfrac{k_t m_s m_u}{(m_s + m_u)^2}$ 时，在 TC1 基础上增加串联

弹簧-惯容结构提升轮胎动载荷性能的条件为

$$k < \frac{2[k_t m_s m_u - (m_s + m_u)^2 K]}{(m_s + m_u)^2} \quad b \geqslant -a_{17}/a_{18}$$

即串联惯容量较大，串联弹簧刚度较小。当 $K \geqslant \dfrac{k_t m_s(m_s + 2m_u)}{2(m_s + m_u)^2}$ 时，在 TC1 基础上增加串联弹簧-惯容结构提升轮胎动载荷性能的条件是 $b \leqslant -a_{17}/a_{18}$，即串联惯容量较小。

通过解析的分析，我们可以得出以下结论。

① 新增元件是否可以提升性能取决于元件的参数。

② 原有结构的参数也可以决定新增元件是否有效。

③ 对于不同的串并联结构，惯容只有在合适的取值范围内才能提升性能。

2.3 单一性能指标最优性能分析

关于悬架行程的分析表明，单独考虑悬架行程性能时，所有结构的最优悬架行程均为 0。因此，本节只考虑乘坐舒适性和轮胎动载荷两种性能。通过求解针对乘坐舒适性和轮胎动载荷的优化问题，对比所有只含一个弹簧、一个阻尼器和一个惯容的悬架的最优性能。由于悬架的静态刚度往往由簧载质量等决定，因此我们研究悬架静态刚度给定条件下的参数优化问题，即对于给定悬架静态刚度 K，分别求解下列优化问题。

(1) 对于 TC1，求解

$$\min_c H_{TC1Jj}, \quad j = 1, 3 \tag{2.40}$$

(2) 对于 TC2，求解

$$\min_{c,k} H_{TC2Jj}, \quad j = 1, 3 \tag{2.41}$$

(3) 对于 Ci，$i = 1, 2, \cdots, 8$，求解

$$\min_{b,c,k} H_{CiJj}, \quad j = 1, 3 \tag{2.42}$$

得到最优参数后，由式 (1.43) 可得最优的乘坐舒适性指标 J_1 和轮胎动载荷指标 J_3。

注意到，上述优化问题的目标函数的解析表达式在节 2.1 已经获得。因此，上述优化问题可以通过非线性优化数值算法，如 Nelder-Mead 方法求解。对于部分相对简单的结构，也可通过求解代数方程的形式得到解析解。例如，文献 [39] 对

本节的部分结构 (TC1、TC2、C1、C2、C3、C4) 已经给出该优化问题的解析解。
对于结构 C5、C6、C7、C8，我们采用 Nelder-Mead 方法求解相应的优化问题。

采用表 1.3 所示的车辆参数，可以得到图 2.1～ 图 2.5 所示的仿真结果。由于
在最优乘坐舒适性情况下，TC2、C3 和 C6 分别退化为 TC1、C2 和 C1，因此这
些结构在最优舒适性下的仿真结果并未给出。

由图 2.1 可以看出，所有应用惯容的悬架均优于传统弹簧阻尼器悬架 TC1。
此外，C7 对于相对较软的悬架，即悬架静态刚度较小时，提供最优乘坐舒适性；
C4 对于相对较硬悬架，提供最优乘坐舒适性。同样，对于轮胎动载荷，图 2.2 表
明，所有应用惯容悬架均优于传统弹簧阻尼器悬架 TC1。C3 和 C4 分别对于相对
较软和相对较硬悬架取得最优轮胎动载荷。由图 2.4 可以看出，对于乘坐舒适性
和轮胎动载荷，串联情况下的最优惯容量大于并联情况。图 2.5 表明，C7 和 C8
在最优情况下需要较大的弹簧刚度 k。

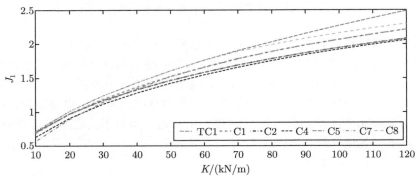

图 2.1　只含有一个弹簧、一个阻尼器和一个惯容的无源悬架最优舒适性对比

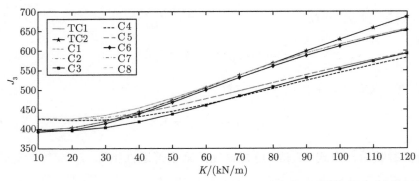

图 2.2　只含有一个弹簧、一个阻尼器和一个惯容的无源悬架最优轮胎动载荷对比

对于 n 元函数 $f(x)$，其中 x 为 n 维矢量，可以用 Nelder-Mead 方法求取多
元函数局部最小值

步骤 1，首先提供函数自变量空间中的一个初始点 x_1，生成初始点集的 β 和 δ、退出条件的 X_{err}、反射系数 α、扩展系数 γ、压缩系数 ρ、收缩系数 σ。

步骤 2，根据初始点生成另外 n 个初始点 $x_2, \cdots, x_{n+1}$，使 x_{i+1} 的第 i 个分量比 x_1 的第 i 个分量大 β，其他分量保持相同。如果 x_1 的第 i 个分量为 0，则将 x_{i+1} 的第 i 个分量设为 δ。

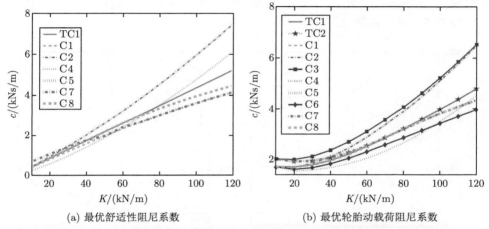

(a) 最优舒适性阻尼系数　　　　　　　(b) 最优轮胎动载荷阻尼系数

图 2.3　只含有一个弹簧、一个阻尼器和一个惯容的无源悬架最优阻尼系数对比

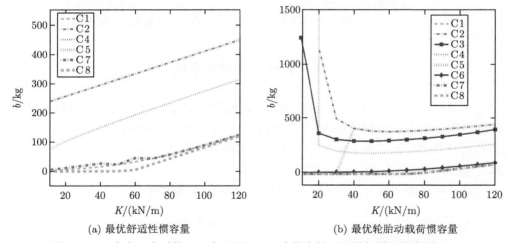

(a) 最优舒适性惯容量　　　　　　　　(b) 最优轮胎动载荷惯容量

图 2.4　只含有一个弹簧、一个阻尼器和一个惯容的无源悬架最优惯容量对比

步骤 3，根据 $f(x_i)$ 将这 $n+1$ 个点重新排序，使 $f(x_i)$ 随着 i 的增大而增大。若 $f(x_{n+1}) - f(x_1)$ 小于 X_{err}，则退出循环。此时，多元函数局部最小值为

$f(x_1)$。

步骤 4，计算前 n 个点的平均位置，即 $m = \dfrac{1}{n}\sum\limits_{i=1}^{n} x_i$。

步骤 5，分别使用 $r = m+\alpha(m-x_{n+1})$、$s = m+\gamma(m-x_{n+1})$、$c = x_{n+1}+\rho(m-x_{n+1})$ 计算反射点 r、扩展点 s、压缩点 c。若 $f(r) < f(x_{n+1})$，则令 $x_{n+1} = r$；反之，如果 $f(s) < f(x_{n+1})$ 成立，则令 $x_{n+1} = s$。若 $f(s) \geqslant f(x_{n+1})$，判断 $f(c) < f(x_{n+1})$ 是否成立。如果成立，令 $x_{n+1} = c$；否则，令 $x_i = x_1+\sigma(x_i-x_1), i = 2,\cdots,n+1$。

步骤 6，返回步骤 3。

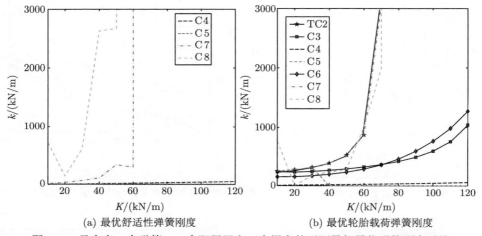

(a) 最优舒适性弹簧刚度　　　　　　(b) 最优轮胎载荷弹簧刚度

图 2.5　只含有一个弹簧、一个阻尼器和一个惯容的无源悬架最优弹簧刚度对比

2.4　多性能指标分析

本节分析图 1.15 所示的结构在考虑多性能指标时的性能表现，重点研究悬架行程对基于惯容的悬架系统的影响。由节 2.3 的结果可以发现，图 1.15 中某些结构的表现非常相似，如 C5 与 C2、C1 与 C6、C7 和 C8 等。因此，本节只考虑图 1.15 中 C1~C4，以及图 1.16 中 TC1 和 TC2。

定义如下舒适性 J_1 和轮胎动载荷 J_3 的混合性能指标 [39]，即

$$H_{\mathrm{C}i;1,3} = (1-\alpha)m_s^2 H_{\mathrm{C}iJ_1} + \alpha H_{\mathrm{C}iJ_3}\ \alpha \in [0,1] \tag{2.43}$$

采用相似的方法，我们定义舒适性 J_1 和悬架行程 J_2 性能指标 $H_{\mathrm{C}i;1,2}$，以及悬架行程 J_2 和轮胎动载荷 J_3 的性能指标 $H_{\mathrm{C}i;2,3}$，即

$$H_{\mathrm{C}i;1,2} = (1-\alpha)H_{\mathrm{C}iJ1} + \alpha m_s^2 m_u H_{\mathrm{C}iJ2} \tag{2.44}$$

$$H_{Ci;2,3} = (1-\alpha)m_s^4 H_{CiJ2} + \alpha H_{CiJ3} \tag{2.45}$$

其中，$\alpha \in [0,1]$；H_{CiJ_1}、H_{CiJ_2} 和 H_{CiJ_3} 由节 2.1 给出；参数 $m_s^2 m_u$ 和 m_s^4 用来调整 J_2，使其与 J_1 和 J_3 近似到同一数量级。

注意到，每个结构的混合性能指标式 (2.43)~式 (2.45) 可以同样写为 2.1 节简单结构与剩余部分和的形式，然后通过研究剩余部分的符号，可以得到复杂结构优于简单结构的解析条件。本节旨在讨论说明悬架行程的影响，因此关于混合性能指标的直接对比分析并未展开。接下来，我们从两个方面的对比分析，说明悬架行程的影响。

一方面，我们对比在最优的舒适性 J_1 和轮胎动载荷 J_3 混合指标 $H_{Ci;1,3}$ 时，各个结构悬架行程的大小。如图 2.6 所示，与传统结构 TC1 和 TC2 相比，基于惯容的结构可以明显提高混合性能。但是，图 2.7 表明，基于惯容结构的 J_2 性能指标值均大于传统结构 TC1 和 TC2，这意味着基于惯容的结构在提升混合 J_1 和 J_3 性能时，会明显地恶化悬架行程性能，即基于惯容的结构提升混合 J_1 和 J_3 性能是以牺牲悬架行程性能为代价的。这一点也可以和 2.2 节得到的解析结果互相印证。图中，实线、点划线和虚线分别代表 $K = 75$kN/m、$K = 55$ kN/m 和 $K = 25$ kN/m；实心圆表示 TC1；正方形表示 TC2；星形表示 C1；空心圆表示 C2；三角形表示 C3；菱形表示 C4。

另一方面，我们对比舒适性性能 J_1 在混合 J_1 和 J_3 指标优化中和在混合 J_1 和 J_2 指标优化中取值的大小，说明 J_2 和 J_3 两个指标，哪一个对 J_1 指标的约束更大。图中，浅色表示混合 J_1 和 J_3 优化中的值；深色表示混合 J_1 和 J_2 优化中的值。同样，对比轮胎动载荷性能 J_3 在混合 J_1 和 J_3 指标优化中和在混合 J_2 和 J_3 指标优化中取值的大小，说明 J_1 和 J_2 中的哪一个对 J_3 指标的约束更大。

由于各个结构对比结果非常相似，本节以 C4 为例说明，对比结果如图 2.8 和图 2.9所示。由图 2.8可以发现，J_1 在混合 J_1 和 J_2 优化中的值总是明显大

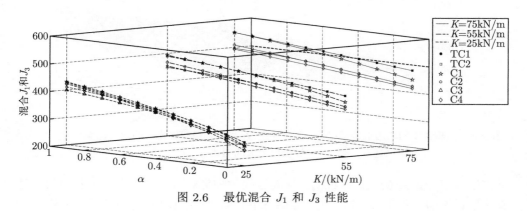

图 2.6　最优混合 J_1 和 J_3 性能

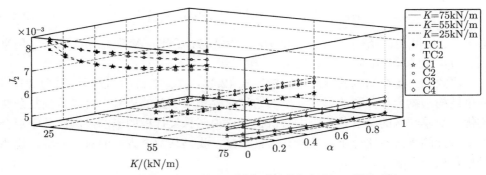

图 2.7　最优混合 J_1 和 J_3 性能时的悬架行程 J_2 性能对比

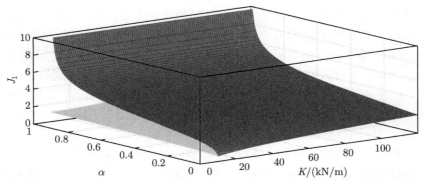

图 2.8　结构 C4 的舒适性指标 J_1 在混合 J_1 和 J_3 指标优化中的值与在混合 J_1 和 J_2 指标优化中值的对比

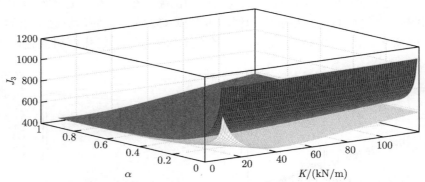

图 2.9　结构 C4 的轮胎动载荷指标 J_3 在混合 J_1 和 J_3 指标优化中的值与在混合 J_2 和 J_3 指标优化中值的对比

其在混合 J_1 和 J_3 的值。这说明，悬架行程对乘坐舒适性的约束比轮胎动载荷对乘坐舒适性的约束更大。相似地，如图 2.9 所示，悬架行程对轮胎动载荷的约束也比舒适性对轮胎动载荷的约束更大。

综上所述，基于惯容的悬架提升舒适性和轮胎动载荷性能是以牺牲悬架行程为代价的。另外，悬架行程对舒适性和轮胎动载荷都是一个较大、较基本的约束，会显著制约悬架系统整体性能。为了进一步表明悬架行程对舒适性和轮胎动载荷性能制约的大小，我们提出下述相同悬架行程前提下的舒适性和轮胎动载荷混合优化问题。

问题 2.1

$$\min_{b,c,k} \quad J_{\mathrm{C}i;1,3}$$

$$J_{\mathrm{C}i;1,3} = 2\pi \left\{ V\kappa[(1-\alpha)m_s^2 H_{\mathrm{C}iJ1} + \alpha H_{\mathrm{C}iJ3}] \right\}^{1/2}$$

$$\text{s.t.} \quad J_{2;\mathrm{C}i} \leqslant \gamma, \quad i = 1, 2, \cdots, 4$$

其中，γ 为允许的最大悬架行程指标 J_2。

对于结构 TC1 和 C1，由于式 (2.14) 和式 (2.17) 相对简单，因此约束条件 $J_{2;\mathrm{C}i} \leqslant \gamma$ 可以变化为 $c \geqslant (4\pi^2 V\kappa e_1)/\gamma^2$。问题 2.1可以转换为无约束的优化问题，从而很容易地求解。对于其他结构，可以调用 MATLAB 中非线性约束优化问题求解器 fmincon 来求解。

MATLAB 求解器 fmincon 的功能是求解有约束非线性多元函数的极小值，它的调用格式为

$$x = \mathrm{fmincon}(\mathrm{fun}, x0, A, b, Aeq, beq, lb, ub, nonlcon, options)$$

其中，只有 fun、x0、A、b 是必填参数，其余均为选填参数，x 为句柄函数 fun 取得极小值时自变量的值；fun 为被搜索函数的句柄；x0 为一个实向量，表示搜索算法的起始点；A 和 b 为一个线性不等式约束，即 $Ax \leqslant b$；Aeq 和 beq 为一个线性等式约束条件，即 $Aeq \cdot x = beq$；lb 和 ub 为 x 的下限和上限，即 $lb \leqslant x \leqslant ub$；nonlcon 为非线性不等式 $(c(x) \leqslant 0)$、等式 $(ceq(x) = 0)$ 约束函数的句柄；options 为求解器 $\mathrm{fmincon}(\cdot)$ 中的优化选项。

调用范例如下。

在 MATLAB 命令行中依次输入

fun = @(x)100 * (x(2) − 4 * x(1)^2)^2 + (2 − x(1))^2;

x0 = [−1, 2]; A = [1, 2]; b = 1; x = fmincon(fun, x0, A, b);

搜索结果为 x = (0.2986, 0.3507)。

由于基于惯容的悬架系统在悬架静态刚度较大和较小时性能表现不一样，因此我们分别以静态刚度为 20 kN/m 和 80 kN/m 来说明。如图 2.10 和图 2.11 所示，在限制了悬架行程后，混合性能指标 J_1 和 J_3 被明显恶化。例如，当没有悬架行程约束，并且 $K = 20$ kN/m 时，C3 可以提供 3.72% 的性能提升；当悬架

行程约束在 $J_2 \leqslant 0.004$ 时，性能提升仅为 1.67%。另外，图 2.11 也表明，虽然在没有悬架行程约束时 ($\gamma \geqslant 0.005$)，C6 会退化为 C4，但是有悬架行程约束后 ($\gamma < 0.05$)，C6 的性能总好过 C4。这说明，悬架行程约束会改变结构的最优表现。因此，在设计基于惯容的悬架系统时，悬架行程性能指标是一个非常重要的参考指标。图 2.12 和图 2.13 给出了 J_1 和 J_3 指标在有无悬架行程约束时的帕累托最优解。图中，实线分别表示 $\gamma = 0.004$ 和 $\gamma = 0.0032$，虚线表示 $\gamma = \infty$；实心圆表示 TC1；正方形表示 TC2；星形表示 C1；空心圆表示 C2；三角形表示 C3；菱形表示 C4；$\gamma = \infty$ 表示没有悬架行程约束。可以看出，加入悬架行程约束后，曲线全部向右上方移动，这说明降低了乘坐舒适性和轮胎动载荷性能。

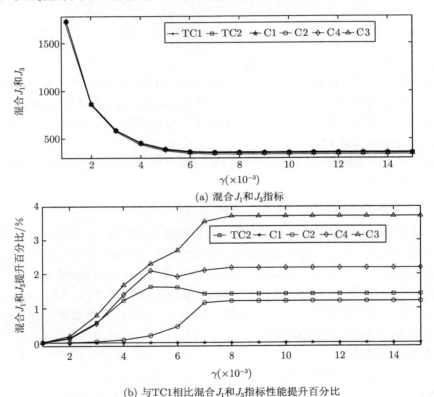

(a) 混合 J_1 和 J_3 指标

(b) 与 TC1 相比混合 J_1 和 J_3 指标性能提升百分比

图 2.10   在相同悬架行程约束和 $K = 20\text{kN/m}$ 时混合 J_1 和 J_3 优化结果

帕累托优化常用于求解多目标优化问题，一个多目标优化问题可以描述为

$$\min\left(f(x)\right), \quad x \in S, f(x) = (f_1(x),\ f_2(x), \cdots, f_p(x))$$

其中，x 为被优化问题当前的解；S 为被优化问题的可行域；$f(x)$ 为 p 个目标函数的集合。

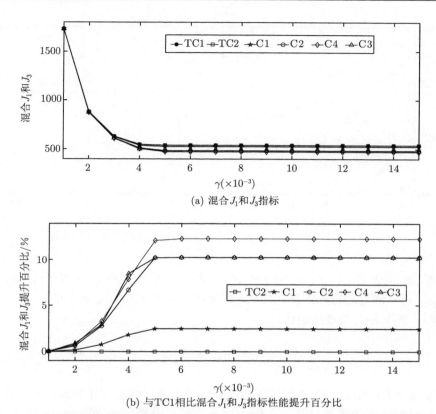

(a) 混合 J_1 和 J_3 指标

(b) 与TC1相比混合 J_1 和 J_3 指标性能提升百分比

图 2.11　在相同悬架行程约束和 $K = 80\text{kN/m}$ 时混合 J_1 和 J_3 优化结果

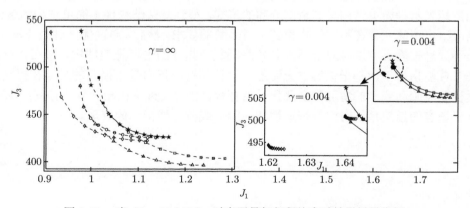

图 2.12　当 $K = 20\text{ kN/m}$ 时有无悬架行程约束时帕累托最优解

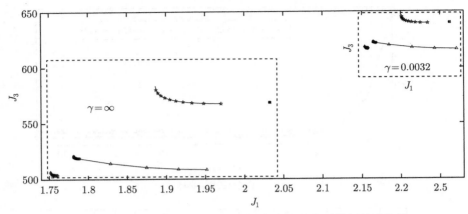

图 2.13　当 $K = 80$ kN/m 时有无悬架行程约束时帕累托最优解

若 $\exists x^* \in S$ 使得 $f_i(x^*) \leqslant f_i(x), i = 1, 2, \cdots, p$，则使用 x^* 作为当前的解，即 $x = x^*$。这样的过程称为帕累托优化。若 $\forall x^* \in S$ 都无法满足条件 $f_i(x^*) \leqslant f_i(x)$，则这样的情况称为帕累托最优。

2.5　小　　结

本章研究给定结构的悬架系统性能，主要研究只含有一个弹簧、一个阻尼器和一个惯容的无源悬架结构对车辆乘坐舒适性、悬架行程和轮胎动载荷的性能。首先，对单一性能指标，本章采用解析计算和直接对比的方法，将复杂结构的性能指标表示为简单结构与剩余部分和的形式，得到复杂结构优于简单结构的条件，精准给出不同元件在不同结构位置上对系数的要求。然后，通过优化对比分析，给出不同悬架静态刚度时对舒适性和轮胎动载荷指标的最优悬架结构。最后，分析在多性能指标下，基于惯容的无源悬架设计问题，指出基于惯容的悬架在提高舒适性和轮胎动载荷的情况下会恶化悬架行程性能，并讨论在相同悬架行程情况下，基于惯容的悬架系统对混合舒适性和轮胎动载荷性能指标的表现。

第 3 章　基于低阶导纳机械网络的无源悬架系统设计

上一章讨论了给定结构的基于惯容的机械网络的性能。虽然这些机械网络限定的各元件数量都保持结构简单的优点，但这些机械网络在结构上并不能保证是最优的。因此，本章考虑将这些机械网络替换为正实函数，采用基于网络综合的黑箱法，设计基于惯容的无源悬架系统，以期在悬架结构和参数方法中均能得到优化。

因此，本章所用的网络综合法与上一章给定结构的设计方法本质的不同是，给定结构方法只针对给定结构优化得到最优元件参数，但不能保证给定的结构是最优的；网络综合法设计的结果可以同时保证最优的结构和最优的元件参数。随着惯容的提出，机电类比关系中所有的元件都是名副其实的双端点元件（图 1.2），从而机械网络设计可以借鉴成果丰富的电路网络综合方法。这也使我们有机会可以使用网络综合法设计悬架系统。

从系统控制角度来看，该问题可以用图 3.1 描述。机械网络导纳 $W(s)$ 可以视为无源控制器，而车辆其他部分视为被控对象。系统外部扰动为路面垂向位移，系统控制输出 z 为簧载加速度、悬架行程，以及轮胎动载荷等。因此，无源悬架设计问题可以归结为无源控制器设计问题。无源控制器可通过无源网络综合方法实现为最优的网络结构和元件参数。针对无源控制器设计问题，文献 [76], [77] 采用正实引理 [78] 和 LMI 方法提出基于观测器结构的无源控制器设计方法优化闭环系统 H_2 范数，但该方法得到的控制器阶数需与被控对象相同。为了设计任意阶控制器，在文献 [52] 中，H_2 和 H_∞ 正实综合问题被表述为双线性矩阵不等式（bilinear matrix inequalities，BMI），并采用迭代优化方法对这些 BMI 进行局部求解。

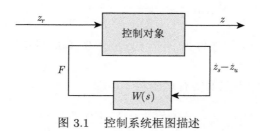

图 3.1　控制系统框图描述

在机械网络设计中，导纳函数阶数越高往往需要越多的机械元件和越复杂的网络结构，因此需要越多的空间和越高的成本。对于机械系统，特别是如车辆悬架系统等对空间和成本要求较高的机械系统，高阶的导纳函数很难满足空间小、成本低的要求。因此，本章仅讨论导纳函数为低阶函数时的无源悬架设计问题。具体来讲，本章研究两种情形下的设计问题。第一种情形是，悬架系统由一个弹簧和无源机械网络并联组成（图 1.18），其中无源机械网络 $W(s)$ 为导纳函数不超过三阶的无源机械网络。第二种情形是，整个悬架系统视为某一类型的正实函数描述的无源机械网络，悬架的静态支撑功能也由该网络提供。接下来，本章就这两种情形的问题展开研究。与文献 [52] 不同，本章采用的正实条件直接应用导纳函数的系数，而不是采用 BMI 迭代。

3.1　低阶导纳无源悬架性能分析

本节讨论第一种情形，即悬架系统为一个弹簧和一个无源机械网络并联的形式，如图 1.18所示。并联的弹簧提供静态支撑，而无源机械网络为导纳函数不超过三阶的无源机械网络。通过这种网络综合的设计方法，可以探讨在某一空间范围内，无源悬架系统的最优性能问题，如所有导纳函数为一阶、二阶、三阶正实函数的无源悬架的最优性能。

3.1.1　低阶导纳函数正实性判据

针对一阶、二阶和三阶导纳函数，将用下列引理判断其正实性。

引理 3.1　对如下一阶实有理函数，即

$$W_{1st}(s) = \frac{\alpha_1 s + \alpha_0}{\beta_1 s + \beta_0} \tag{3.1}$$

它是正实函数的充分必要条件为 $\alpha_i \geqslant 0$、$\beta_i \geqslant 0$，并且 β_0 和 β_1 不同时为 0。

证明：该引理可以从文献 [6], [79] 中正实函数的定义直接得出。证毕。

引理 3.2　对如下二阶实有理函数 [11]，即

$$W_{2nd}(s) = \frac{\alpha_2 s^2 + \alpha_1 s + \alpha_0}{\beta_2 s^2 + \beta_1 s + \beta_0} \tag{3.2}$$

它是正实函数的充分必要条件为 $\alpha_i \geqslant 0$、$\beta_i \geqslant 0$（β_i 不同时为 0），并且 $\alpha_1 \beta_1 \geqslant \left(\sqrt{\alpha_0 \beta_2} - \sqrt{\beta_0 \alpha_2} \right)^2$。

引理 3.3　对如下三阶实有理函数 [6]，即

$$W_{3rd}(s) = \frac{\alpha_3 s^3 + \alpha_2 s^2 + \alpha_1 s + \alpha_0}{\beta_3 s^3 + \beta_2 s^2 + \beta_1 s + \beta_0} \tag{3.3}$$

它满足 $\alpha_i \geqslant 0$、$\beta_i \geqslant 0$（β_i 不同时为 0）。记 $a_0 := \alpha_0\beta_0$、$a_1 := \alpha_1\beta_1 - \alpha_0\beta_2 - \alpha_2\beta_0$、$a_2 := \alpha_2\beta_2 - \alpha_1\beta_3 - \alpha_3\beta_1$，$a_3 := \alpha_3\beta_3$，那么 $W_{3\mathrm{rd}}(s)$ 为正实函数的充分必要条件如下。

① $(\alpha_1 + \beta_1)(\alpha_2 + \beta_2) \geqslant (\alpha_0 + \beta_0)(\alpha_3 + \beta_3)$。

② 下面两个条件之一成立。

　　(a) $a_3 = 0$, $a_2 \geqslant 0$, $a_0 \geqslant 0$, $-a_1 \leqslant 2\sqrt{a_0 a_2}$。

　　(b) $a_3 > 0$, $a_0 \geqslant 0$, (b1) 或 (b2) 成立。

　　　　(b1) $a_1 \geqslant 0$, $-a_2 \leqslant \sqrt{3 a_1 a_3}$。

　　　　(b2) $a_2^2 > 3 a_1 a_3$, $2 a_2^3 - 9 a_1 a_2 a_3 + 27 a_0 a_3^2 \geqslant 2(a_2^2 - 3 a_1 a_3)^{3/2}$。

从引理 3.2 和引理 3.3 可以观察到，利用新的正实性判据可以用实有理函数的系数直接判定正实性。这也为结合网络综合法与悬架系统性能指标提供了便利。如果采用传统的利用留数的正实性判据，则在与悬架系统性能结合的时候会遇到问题。

3.1.2 设计方法

本节用网络综合法设计低阶导纳无源悬架，可以分为两步。

① 对给定悬架性能指标，求解一个低阶正实控制器参数优化问题。

② 采用网络综合方法，将①得到的正实控制器实现为具体的网络结构。

根据图 3.1 的描述，第一步中的优化问题如下。

问题 3.1

$$\min \|T_{z_r \to z}\|_2$$

使 $W(s)$ 为式 (3.1)~ 式 (3.3) 所示的低阶正实函数。

问题 3.1 中 z 为簧载加速度和轮胎动载荷，分别对应乘坐舒适性 J_1 和轮胎动载荷性能 J_3。由 2.2 节分析结果可知，最优的悬架行程性能均为 0，因此这里只考虑乘坐舒适性和轮胎动载荷两项性能指标。

问题 3.1 中的目标函数均可通节 1.1.7 所示的方法求得解析表达式。对于一阶正实函数 (3.1)，问题 3.1 可以描述为无约束非线性优化问题。参数为正的约束条件可以用决策变量的平方形式替代。该类无约束非线性优化问题可通过调用 MATLAB 无约束优化求解器 fminsearch 求解。由于二阶正实函数 (3.2) 含有非线性约束，因此问题 3.1 关于二阶正实函数优化问题需要调用 MATLAB 有约束非线性求解器 fmincon。

由于三阶正实函数中的正实性条件较多，而且比较复杂，因此在优化的过程中采用将约束条件分类的方法可以将约束条件分成三类，即条件 (a)、条件 (b1) 和条件 (b2)，分别单独求解这三个约束条件的优化问题，然后取最好的结果作为最优结果。条件 (a) 包含等式约束，而 α_3 和 β_3 不同时为 0（否则变为二阶导纳)，因此可以将条件 (a) 分成 $\alpha_3 = 0$ 和 $\beta_3 = 0$ 两种情况处理。这样可以减少一个决策变量，提高优化效率。这三类情形均调用 MATLAB 有约束非线性求解器 fmincon。

3.1.3　仿真结果

采用表 1.3 所示的车辆参数和路面参数，我们给出仿真结果，并举例说明 1.1.3 节所述的设计方法。

我们首先以悬架静态刚度 $K = 80$ kN/m 为例说明 1.1.3 节所述的设计方法。表 3.1 给出了设计结果。表中最优导纳通过求解问题 3.1 得到。最优结构和元件参数通过网络综合方法实现，其中一阶导纳和二阶导纳最优舒适性的结果可直接通过观察导纳函数特点得到相应的实现网络。二阶导纳最优轮胎动载荷的结果为双二次最小函数形式 [80]，本节采用 Bott-Duffin 方法实现 [8,18]。三阶导纳最优舒适性结果的倒数，即阻抗函数，是一类特殊结构的三阶正实函数 [1,12]，可采用文献 [1] 中的方法实现。结果如图 3.2 所示。同样，三阶导纳最优轮胎动载荷的结果同样为一类特殊结构的三阶正实函数 [1,12]，但与阻抗函数不同，该导纳函数存在两种不同的实现方法，如图 3.3 和图 3.4 所示 [1]。在图 3.4 中，$k = 1203.37$ N/m、$k_1 = 549.16$ kN/m、$c_1 = 3109.08$ N·s/m、$c_2 = 3189.56$ N·s/m、$b = 496.40$ kg。由于图 3.3(c) 中惯容量和阻尼系数的值相对较小，更有利于实际应用，因此

表 3.1　$K = 80$ kN/m 时，低阶导纳无源悬架设计结果

参数		一阶	二阶	三阶
乘坐舒适性	性能指标	1.78	1.74	1.67
	最优导纳	$\dfrac{4537.44s}{s + 12.22}$	$\dfrac{26.66s^2 + 4034.84s}{s + 9.65}$	$\dfrac{37.05s(s + 47.62)(s + 21.60)}{s^2 + 11.43s + 169.90}$
	最优结构	图 3.2(a)	图 3.2(b)	图 3.2(c)
	最优参数	$b = 371.30$ kg $c = 4537.44$ N·s/m	$b_1 = 417.95$ kg $b_2 = 28.48$ kg $c = 4309.79$ N·s/m	$b_1 = 224.25$ kg $b_2 = 44.38$ kg $c = 3071.62$ N·s/m $k = 45639.10$ N/m
轮胎动载荷	性能指标	518.85	503.08	498.83
	最优导纳	$\dfrac{4033.57s}{s + 10.18}$	$\dfrac{2903.93(s + 8.49)(s + 0.42)}{s^2 + 11.44s + 143.96}$	$\dfrac{550359.91(s + 5.82)(s + 0.82)}{(s^2 + 12.35s + 133.58)(s + 166.09)}$
	最优结构	图 3.3(a)	图 3.3(b)	图 3.3(c)
	最优参数	$b = 396.10$ kg $c = 4033.57$ N·s/m	$k_1 = 985.49$ N/m $c_1 = 72.50$ N·s/m $b_1 = 6.76$ kg $k_2 = 153.76$ N/m $k_3 = 31147.40$ N/m $b_2 = 213.64$ kg $c_2 = 2903.93$ N·s/m $b_3 = 1369.30$ kg	$k = 1203.37$ N/m $k_1 = 549.16$ kN/m $c_1 = 1574.40$ N·s/m $c_2 = 1615.16$ N·s/m $b = 127.29$ kg

图 3.3(c) 为最优结构。

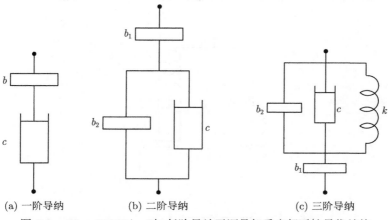

(a) 一阶导纳   (b) 二阶导纳   (c) 三阶导纳

图 3.2 $K = 80$ kN/m 时, 低阶导纳无源悬架乘坐舒适性最优结构

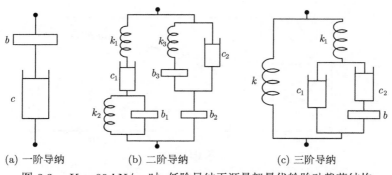

(a) 一阶导纳   (b) 二阶导纳   (c) 三阶导纳

图 3.3 $K = 80$ kN/m 时, 低阶导纳无源悬架最优轮胎动载荷结构

图 3.5 和图 3.6 分别给出了不同悬架静态刚度时, 各阶导纳无源悬架的乘坐舒适性和轮胎动载荷性能对比。图 3.5(a) 表示 J_1 性能。图 3.5(b) 表示与只含有一个弹簧、一个阻尼器和一个惯容的无源悬架相比, J_1 性能提高的百分比。图中曲线 "固定结构" 表示图 1.15 只含有一个弹簧、一个阻尼器和一个惯容结构的最优性能; "一阶" 表示图 3.2 中的一阶导纳性能; "二阶" 表示图 3.2 中的二阶导纳性能; "三阶" 表示图 3.2 中的三阶导纳性能。图 3.6(a) 表示 J_3 性能。图 3.6(b) 表示与只含有一个弹簧、一个阻尼器和一个惯容的无源悬架相比, J_3 性能提高的百分比。图中曲线 "固定结构" 表示图 1.15 中只含有一个弹簧、一个阻尼器和一个惯容结构的最优性能; "一阶" 表示图 3.3 中的一阶导纳性能; "二阶" 表示图 3.3 中的二阶导纳性能; "三阶" 表示图 3.3 中的三阶导纳性能。可以发现, 提高

导纳的阶数, 对于不同的悬架刚度, 悬架的乘坐舒适性和轮胎动载荷均有不同程度的提高。由于图 1.15 中的结构导纳函数均为二阶, 因此性能好过一阶导纳函数情形。

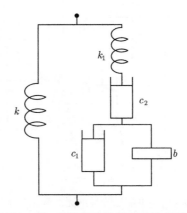

图 3.4　$K = 80\ \text{kN/m}$ 时, 最优轮胎动载荷三阶导纳的另一种实现网络

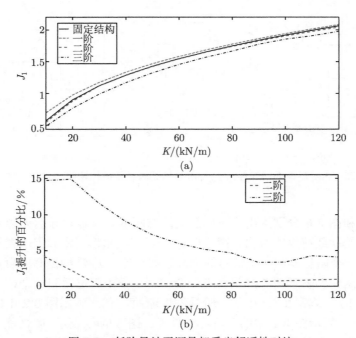

图 3.5　低阶导纳无源悬架乘坐舒适性对比

　　从图 3.5 和图 3.6(b) 可以看出, 图 1.15 中的结构性能虽然接近最优二阶结构, 但并非最优二阶结构。表 3.1 中, $K = 80\ \text{kN/m}$ 时的结果说明, 最优的结构

比给定结构相对复杂,不易实现,可能不利于实际应用。对比图 3.2 和图 3.3 中最优二阶结构与三阶结构可以发现,针对舒适性的最优三阶结构比二阶结构仅多一个并联弹簧(图 3.2),而针对轮胎动载荷的最优三阶结构比二阶结构要相对简单(更少的元件数量和更简单的串并联结构)。这说明,在实际应用中,最优的高阶结构不是一定比最优的低阶结构复杂,应用 1.1.3 节所示的网络综合法,并考虑高阶导纳可以既提高系统整体性能,又保持实现的机械网络结构简单的特点。这一点也证明,网络综合理论在无源机械网络设计中的有效性和优越性。

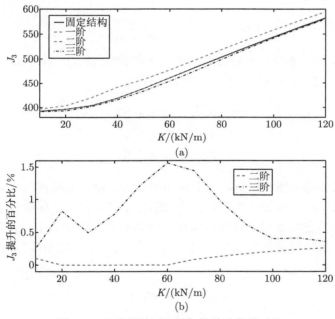

图 3.6 低阶导纳无源悬架轮胎动载荷对比

3.2 一类特殊低阶导纳无源悬架设计

本节研究章首讨论的第二种情形,即将整个悬架系统视为某一类型的正实函数描述的无源机械网络,并且悬架的静态支撑功能也由该网络提供。同样,采用图 3.1 的视角,将无源机械网络视为无源控制器。本节针对一类特殊的低阶正实控制器,提出一种新的基于梯度的时间效率较高的参数优化方法,并以整车模型的无源悬架设计为例介绍提出的方法。与文献 [52], [76], [77] 中使用的将所有正实控制器的优化问题转化为某个 LMI(或 BMI)的可行性问题的 LMI 方法不同,本节同样采用 3.1.1节中的判据,将正实条件直接应用到分子和分母系数上。然后,将问题描述为一个无约束非线性规划问题,采用基于梯度优化算法,进行参数优化。该方法的另一个优点是，由于优化过程中直接使用分子和分母系数，因此现有文献[11,12,81,82]中的低阶网络综合结果也可以类似地参照本节的方法进行讨论。

3.2.1　一类特殊的低阶正实导纳函数

在无源网络综合中，网络实现是指对于给定的正实函数，可以找到一个无源的、双端子的综合网络。其驱动点阻抗或导纳等于给定的正实函数[79]。一般情况下，考虑高阶正实函数时，实现的网络更加复杂。为使实现的网络保持简单，考虑一类特殊的导纳，即

$$Y(s) = \frac{a_2 s^2 + a_1 s + a_0}{d_3 s^3 + d_2 s^2 + d_1 s} \tag{3.4}$$

引理 3.4 [6]　考虑一类特殊的三阶正实函数式 (3.4)，其中 $a_i \geqslant 0$、$d_i \geqslant 0$（d_i 不全为 0），那么 $Y(s)$ 是正实的，当且仅当

$$a_1 d_1 - a_0 d_2 \geqslant 0$$
$$a_2 d_2 - a_1 d_3 \geqslant 0$$
$$a_2 d_1 - a_0 d_3 \geqslant 0$$

在机械网络的一些应用中，一个优先的要求是设计的机械网络必须对支撑的物体提供静态支撑。例如，本节考虑的车辆悬架必须在一定程度上承载和保持车身稳定。这种静支撑体现为悬架结构存在静态刚度。对于式 (3.4) 中的特殊三阶导纳，其静态刚度可量化为 a_0/d_1。式 (3.4) 中的静态刚度单独列出，则式 (3.4)表示为

$$Y(s) = \frac{k}{s} + Y'(s) \tag{3.5}$$

其中，$k = \dfrac{a_0}{d_1}$；$Y'(s) = \dfrac{a_2' s + a_1'}{d_3 s^2 + d_2 s + d_1}$，$a_2' = a_2 - k d_3$，$a_1' = a_1 - k d_2$。

基于引理 3.4 和引理 3.2，我们可以得到以下引理。

引理 3.5　考虑特殊三阶实有理函数式 (3.4)，并列写为式 (3.5) 形式，则 $Y(s)$ 是正实的，当且仅当 $Y'(s)$ 是正实的，且 $k \geqslant 0$。

证明：由引理 3.2，$Y'(s)$ 是正实的，当且仅当 $a_1' \geqslant 0$、$a_2' \geqslant 0$、$d_i \geqslant 0, i = 1, 2, 3$（$d_i$ 不全为 0），而且 $a_2' d_2 \geqslant a_1' d_3$。可以验证，这些条件等价于引理 3.4 的条件。

为了简化分析可将式 (3.4) 中的系数 d_3 设为 1。这种设置从优化参数的角度看是合适的，因为当 $d_3 > 0$ 时，这个假设不失一般性；对于 $d_3 = 0$ 的情况，可通过对分子分母相消得到低阶的优化结果。

与图 3.1 所示的系统框图相比，本节讨论的控制问题如图 3.7 所示，即针对车辆悬架系统，设计一类特殊的正实控制器提升悬架系统性能。接下来，我们对

这一问题提出一种有效的优化方法，并以基于整车模型的无源悬架设计为例说明该方法的有效性。

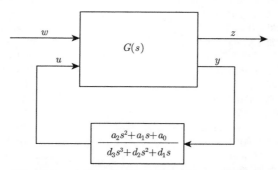

图 3.7 一类特殊的正实控制器的控制综合形式

3.2.2 系统建模与问题描述

本节介绍车辆模型和道路模型，得到增广的系统模型，并基于该模型，将一类特殊的低阶正实导纳函数无源悬架设计问题描述为一类有约束非线性参数优化问题。

1. 整车模型

考虑图 3.8 所示的七自由度全车模型，它是悬架系统设计中广泛采用的模型[38,62,70,83~85]。假设簧载质量为刚体，有垂直、俯仰和横摇方向的三个自由度，每个非簧载质量在垂直方向上有一个自由度。假设汽车重心（记为 CoG）位于纵轴上，参数如表 3.2 所示。令 fr、fl、rr、rl 分别表示右前、左前、右后和左后。

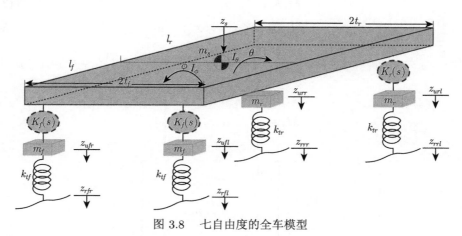

图 3.8 七自由度的全车模型

表 3.2　车辆模型参数

参数	符号
簧载质量/kg	m_s
俯仰惯量/kgm^2	I_θ
转动惯量/kgm^2	I_ϕ
非簧载质量 (前、后)/kg	m_f、m_r
前轴到悬架的距离/m	l_f
后轴到悬架的距离/m	l_r
前轴和后轴宽度 /m	t_f, t_r
轮胎刚度 (前、后)/(kN/m)	k_{tf}、k_{tr}
车身姿态: 垂直/m	z_s
车身姿态: 横滚、俯仰/rad	θ、ϕ
每个角落簧载质量的位移/m	z_{sfr}、z_{sfl}、z_{srr}、z_{srl}
非簧载质量的位移/m	z_{ufr}、z_{ufl}、z_{urr}、z_{url}
路面垂直位移/m	z_{rfr}、z_{rfl}、z_{rrr}、z_{rrl}
支撑力/kN	u_{fr}、u_{fl}、u_{rr}、u_{rl}

为了得到线性模型, 假定簧载质量在俯仰和横摇方向上的角度足够小 [70,83], 记 $x_1 = [z_{sfr}, z_{sfl}, z_{srr}, z_{srl}]^{\mathrm{T}}$, $x_s = [z_s, \theta, \phi]^{\mathrm{T}}$, 则 x_1 与 x_s 的运动学关系为

$$x_1 = E^{\mathrm{T}} x_s \tag{3.6}$$

其中

$$E = \begin{bmatrix} 1 & 1 & 1 & 1 \\ -l_f & -l_f & l_r & l_r \\ t_f & -t_f & t_r & -t_r \end{bmatrix}$$

全车模型的动力学方程为

$$M_s \ddot{x}_s = -Eu \tag{3.7}$$

$$M_u \ddot{x}_u = K_t(z_r - x_u) + u \tag{3.8}$$

其中, $x_u = [z_{ufr}, z_{ufl}, z_{urr}, z_{url}]^{\mathrm{T}}$; $z_r = [z_{rfr}, z_{rfl}, z_{rrr}, z_{rrl}]^{\mathrm{T}}$; $u = [u_{fr}, u_{fl}, u_{rr}, u_{rl}]^{\mathrm{T}}$。

$$M_s = \begin{bmatrix} m_s & & \\ & I_\theta & \\ & & I_\phi \end{bmatrix}$$

$$M_u = \begin{bmatrix} m_f & & & \\ & m_f & & \\ & & m_r & \\ & & & m_r \end{bmatrix}$$

$$K_t = \begin{bmatrix} k_{tf} & & & \\ & k_{tf} & & \\ & & k_{tr} & \\ & & & k_{tr} \end{bmatrix}$$

将式 (3.6) 代入式 (3.7) 和式 (3.8), 可得

$$M_g \ddot{z}_g + K_g z_g = K_{gt} z_r + E_g u$$

其中, $z_g = \begin{bmatrix} x_s^{\mathrm{T}}, x_u^{\mathrm{T}} \end{bmatrix}^{\mathrm{T}}$; $M_g = \begin{bmatrix} M_s & 0 \\ 0 & M_u \end{bmatrix}$; $K_g = \begin{bmatrix} 0 & 0 \\ 0 & K_t \end{bmatrix}$; $K_{gt} = \begin{bmatrix} 0 \\ K_t \end{bmatrix}$;

$E_g = \begin{bmatrix} -E \\ I \end{bmatrix}$。

记 $x_m = \begin{bmatrix} z_g^{\mathrm{T}}, \dot{z}_g^{\mathrm{T}} \end{bmatrix}^{\mathrm{T}}$, 则全车模型的状态空间表达式可以表示为

$$\dot{x}_m = A_m x_m + B_m u + B_{mr} z_r \tag{3.9}$$

其中, $A_m = \begin{bmatrix} 0 & I \\ -M_g^{-1} K_g & 0 \end{bmatrix}$; $B_m = \begin{bmatrix} 0 \\ M_g^{-1} E_g \end{bmatrix}$; $B_{mr} = \begin{bmatrix} 0 \\ M_g^{-1} K_{gt} \end{bmatrix}$。

2. 道路模型

路面不平整带来的扰动是车辆悬架的主要扰动。通常, 随机道路概况可以由它的统计特性描述, 如采用功率谱密度（power spectral density, PSD）函数的形式, 即

$$\Phi(\Omega) = \Phi(\Omega_0) \left(\frac{\Omega}{\Omega_0} \right)^{-n}$$

其中, Ω 为波数, 单位为 rad/m; $\Phi_0 = \Phi(\Omega_0)$ 为 $\Omega_0 = 1$ rad/m 时的 PSD 值, 单位为 m²/(rad/m); n 为不平整度, $n = 2$ 适用于大多数路面。

根据国际标准组织（International Organization Standarization, ISO）的标准 [86], 以 Φ_0 值的不同, 可将路面分为 A $\sim$ E 共 5 个等级, 如表 3.3所示。

表 3.3   道路描述按照 ISO 8608 [86,87] 分类

等级	$\sigma/10^{-3}$ m	$\Phi(\Omega_0)/10^{-6}$ m³, $\Omega_0 = 1$	$\alpha/(\mathrm{rad/m})$
A (很好)	2	1	0.127
B (好)	4	4	0.127
C (一般)	8	16	0.127
D (差)	16	64	0.127
E (非常差)	32	256	0.127

当车辆以恒定速度 V 行驶时，路面输入的激励频率 ω 与波数之间的关系为 $\omega = \Omega V$。记 $\Psi(\omega)$ 为道路输入相对于激励频率的功率谱密度，可得 [88]

$$\Psi(\omega)\mathrm{d}\omega = \Phi(\Omega)\mathrm{d}\Omega$$

从而可得 $\Psi(\omega)$ 和 $\Phi(\Omega)$ 之间的关系，即

$$\Psi(\omega) = \Phi(\Omega)\frac{1}{V} = \Psi(\Omega_0)\frac{\Omega_0^2 V}{\omega^2}$$

为了改进模型在较低空间频率的性能，可以将 PSD 修改为 [85,87]

$$\Psi(\omega) = \frac{2\alpha V\sigma^2}{\omega^2 + \alpha^2 V^2}$$

其中，σ^2 为路面粗糙度的方差；α 取决于地面类型，如表 3.3 所示。

因此，道路垂向位移可表示为白噪声 $w(t)$ 信号通过如下一阶滤波器，即

$$H(s) = \frac{\sqrt{2\alpha V\sigma^2}}{s + \alpha V} \tag{3.10}$$

即路面垂向位移 z_r 可以表示为

$$\dot{z}_r(t) = -\alpha V z_r(t) + w(t) \tag{3.11}$$

其中，白噪声过程 $w(t)$ 的谱密度 $\Psi_w = 2\alpha V\sigma^2$；$V$ 为车辆前进速度。

不同的路面等级以及与模型 (3.11) 中参数的关系参见表 3.3。上述一阶模型 (3.11) 仅描述了一维路面情况，适用于四分之一车型或半车模型的测试。对于一个全车模型，需要二维的道路描述。文献 [84] 表明，左右路面激励之间的相关性对悬架系统设计的影响不大。因此，为了简单，将左右路面垂向位移描述为两个白噪声信号 $w_l(t)$ 和 $w_r(t)$ 分别通过一阶滤波器的形式，忽略左右路激励之间的相关性，可以得到左右平行的路面信息。

对于大多车辆，后轮的路面激励与同侧的前轮基本相同，尤其是当车辆行驶在笔直的道路上时。这样作用在后轮上的路面激励可以近似为作用在前轮路面激励的纯延迟。纯延迟时间为 $\tau = (l_f + l_r)/V$，其中 $(l_f + l_r)$ 为前轴到后轴的距离，V 为车辆前进速度。

为了得到道路的线性时不变模型，采用 Padé 近似方法对纯延迟 τ 进行近似，得到的道路状态空间模型为

$$\begin{bmatrix} \dot{x}_{rr} \\ z_{rr} \end{bmatrix} = \begin{bmatrix} A_{rr} & B_{rr} \\ C_{rr} & D_{rr} \end{bmatrix} \begin{bmatrix} x_{rr} \\ z_{rf} \end{bmatrix} \tag{3.12}$$

其中，$z_{rr} = [z_{rrr}^{\mathrm{T}}, z_{rrl}^{\mathrm{T}}]^{\mathrm{T}}$，表示作用在轮胎上的垂直地面位移。

令 $x_r = [z_{rf}^{\mathrm{T}}, x_{rr}^{\mathrm{T}}]^{\mathrm{T}}$，道路模型可表示为

$$\dot{x}_r = A_r x_r + B_r w \tag{3.13}$$

$$z_r = C_r x_r \tag{3.14}$$

其中，$A_r = \begin{bmatrix} A_v & 0 \\ B_{rr} & A_{rr} \end{bmatrix}$；$B_r = \begin{bmatrix} B_v \\ 0 \end{bmatrix}$；$C_r = \begin{bmatrix} I & 0 \\ D_{rr} & C_{rr} \end{bmatrix}$；$w = [w_l \ w_r]^{\mathrm{T}}$ 为白噪声信号作用于左右前轮。

3. 增广模型和性能指标

考虑式 (3.9)、式 (3.13) 和式 (3.14)，记 $x_g = [x_m^{\mathrm{T}}, x_r^{\mathrm{T}}]^{\mathrm{T}}$，将车辆模型和道路模型组合可以得到增广模型，即

$$\dot{x}_g = A_g x_g + B_g u + B_{wg} w \tag{3.15}$$

其中，$A_g = \begin{bmatrix} A_m & B_{mr} C_r \\ 0 & A_r \end{bmatrix}$；$B_g = \begin{bmatrix} B_m \\ 0 \end{bmatrix}$；$B_{wg} = \begin{bmatrix} 0 \\ B_r \end{bmatrix}$。

测量输出 y 由悬架连接处的相对位移和速度组成，可以表示为

$$y = C_y x_g \tag{3.16}$$

其中，$C_y = \begin{bmatrix} E^{\mathrm{T}} & -I & 0 & 0 & 0 \\ 0 & 0 & E^{\mathrm{T}} & -I & 0 \end{bmatrix}$。

由于本节研究的是无源悬架，测量输出 y 并不是真正使用一些传感器进行物理测量，而是一种描述分析上的方便处理。本节考虑的悬架系统性能包括乘坐舒适性、悬架行程和轮胎动载荷三个方面。为了定量的反映这些性能，定义 J_1、J_2 和 J_3 为乘坐舒适性、悬架行程和轮胎动载荷，即

$$J_1 = \int_0^\infty \|\ddot{x}_s\|^2 \mathrm{d}t$$

$$J_2 = \int_0^\infty \|x_1 - x_u\|^2 \mathrm{d}t$$

$$J_3 = \int_0^\infty \|x_u - z_r\|^2 \mathrm{d}t$$

为综合考虑三种性能指标，定义综合性能指标为

$$J = \int_0^\infty \rho_1 \|\ddot{x}_s\|^2 + \rho_2 \|x_1 - x_u\|^2 + \rho_3 \|x_u - z_r\|^2 \mathrm{d}t \tag{3.17}$$

其中，$\rho_i(i = 1, 2, 3)$ 为乘坐舒适性、悬架行程和轮胎动载荷性能的权重因子。

接下来，定义输出向量 z，包括簧载质量的加速度 ($\ddot{x}_s$)、悬架行程 ($x_1 - x_u$) 和轮胎形变 ($x_u - z_r$)，即

$$z = \left[\sqrt{\rho_1}\ddot{x}_s^{\mathrm{T}}, \sqrt{\rho_2}(x_1 - x_u)^{\mathrm{T}}, \sqrt{\rho_3}(x_u - z_r)^{\mathrm{T}}\right]^{\mathrm{T}} \tag{3.18}$$

$$= C_z x_g + D_z u \tag{3.19}$$

对于式 (3.18) 中的输出 z，性能指标 (3.17) 可表示为

$$J = \int_0^\infty z^{\mathrm{T}} z \mathrm{d}t \tag{3.20}$$

4. 悬架模型

本节考虑导纳函数为式 (3.4) 的无源悬架。根据车辆的几何特点，假设左侧（前左、后左）的悬架与右侧（前右、后右）的悬架完全相同。记前后两侧悬架的导纳函数为

$$K_f(s) = \frac{a_{f2}s^2 + a_{f1}s + a_{f0}}{d_{f3}s^3 + d_{f2}s^2 + d_{f1}s} = \frac{k_f}{s} + K_f'(s) \tag{3.21}$$

$$K_r(s) = \frac{a_{r2}s^2 + a_{r1}s + a_{r0}}{d_{r3}s^3 + d_{r2}s^2 + d_{r1}s} = \frac{k_r}{s} + K_r'(s) \tag{3.22}$$

其中，$k_f = a_{f0}/d_{f1}$；$k_r = a_{r0}/d_{r1}$。

$$K_f'(s) = \frac{a_{f2}'s + a_{f1}'}{s^2 + d_{f2}s + d_{f1}} \tag{3.23}$$

$$K_r'(s) = \frac{a_{r2}'s + a_{r1}'}{s^2 + d_{r2}s + d_{r1}} \tag{3.24}$$

其中，$a_{f2}' = a_{f2} - k_f$；$a_{f1}' = a_{f1} - k_f d_{f2}$；$a_{r2}' = a_{r2} - k_r$；$a_{r1}' = a_{r1} - k_r d_{r2}$。

将 $K_f(s)$ 和 $K_r(s)$ 转化为状态空间形式，记 $u = [u_{fr} \quad u_{fl} \quad u_{rr} \quad u_{rl}]^{\mathrm{T}}$，可得

$$\begin{bmatrix} \dot{x}_k \\ u \end{bmatrix} = \begin{bmatrix} A_k & B_k \\ C_k & D_k \end{bmatrix} \begin{bmatrix} x_k \\ y \end{bmatrix} \tag{3.25}$$

其中，$y = \left[(x_1 - x_u)^{\mathrm{T}} \quad (\dot{x}_1 - \dot{x}_u)^{\mathrm{T}}\right]^{\mathrm{T}}$ 为式 (3.16) 给出的测量输出。

$$A_k = \begin{bmatrix} A_{kf} & & & \\ & A_{kf} & & \\ & & A_{kr} & \\ & & & A_{kr} \end{bmatrix}, \quad B_k = \begin{bmatrix} 0 & B_{kf} & & & \\ 0 & & B_{kf} & & \\ 0 & & & B_{kr} & \\ 0 & & & & B_{kr} \end{bmatrix}$$

$$C_k = \begin{bmatrix} C_{kf} & & & \\ & C_{kf} & & \\ & & C_{kr} & \\ & & & C_{kr} \end{bmatrix}$$

$$D_k = \left[\begin{array}{cccc|cccc} k_f & & & & D_{kf} & & & \\ & k_f & & & & D_{kf} & & \\ & & k_r & & & & D_{kr} & \\ & & & k_r & & & & D_{kr} \end{array} \right]$$

令 i 分别表示 f 和 r，可将 $K'_f(s)$ 和 $K'_r(s)$ 的状态空间形式转换为可控标准型，即

$$A_{ki} = \begin{bmatrix} 0 & 1 \\ -d_{i1} & -d_{i2} \end{bmatrix}, \quad B_{ki} = \begin{bmatrix} 0 \\ 1 \end{bmatrix}, \quad C_{ki} = \begin{bmatrix} a'_{i1} & a'_{i2} \end{bmatrix}, \quad D_{ki} = 0$$

可得

$$\left[\begin{array}{c|c} A_k & B_k \\ \hline C_k & D_k \end{array} \right]$$

$$= \left[\begin{array}{cccccccc|cccc} 0 & 1 & & & & & & & 0 & & 0 & \\ -d_{f1} & -d_{f2} & & & & & & & 0 & & 1 & \\ & & 0 & 1 & & & & & & 0 & & 0 \\ & & -d_{f1} & -d_{f2} & & & & & & 0 & & 1 \\ & & & & 0 & 1 & & & 0 & & 0 & \\ & & & & -d_{r1} & -d_{r2} & & & 0 & & 1 & \\ & & & & & & 0 & 1 & & 0 & & 0 \\ & & & & & & -d_{r1} & -d_{r2} & & 0 & & 1 \\ \hline a'_{f1} & a'_{f2} & & & & & & & k_f & & 0 & \\ & & a'_{f1} & a'_{f2} & & & & & & k_f & & 0 \\ & & & & a'_{r1} & a'_{r2} & & & k_r & & 0 & \\ & & & & & & a'_{r1} & a'_{r2} & & k_r & & 0 \end{array} \right]$$

$$\tag{3.26}$$

这里的设计变量（自由度）为 k_f、d_{f2}、d_{f1}、a'_{f2}、a'_{f1}、k_r、d_{r2}、d_{r1}、a'_{r2}、a'_{r1}。利用引理 3.5，$K_f(s)$ 和 $K_r(s)$ 的正实约束为

$$k_i > 0, \quad a'_{i1} \geqslant 0, \quad a'_{i2} \geqslant 0, \quad d_{i2} \geqslant 0, \quad d_{i1} \geqslant 0, \quad a'_{i1} \leqslant a'_{i2} d_{i2} \tag{3.27}$$

其中，i 可分别表示 f 和 r。

因为有了可以直接采用系数直接判定正实性的判据 [6]，我们可以把正实性的约束以含函数系数不等式的形式表达出来，并作为优化问题的约束，从而弥补原本在网络综合理论与应用优化问题之间缺失的链接。

由于车辆悬架的首要条件是对簧载质量提供静态支撑，因此静态刚度的约束为

$$k_f \in [k_{\min}, k_{\max}], \quad k_r \in [k_{\min}, k_{\max}] \tag{3.28}$$

其中，$k_{\min}$ 和 $k_{\max}$ 为容许的静态刚度上下界。

5. 问题描述

现在得到系统的线性时不变状态空间模型，我们的任务是设计一个正实的动态输出反馈控制器，使从 w 到 z 的闭环系统 H_2 范数最小，同时式 (3.26) 中的控制器矩阵满足正实条件式 (3.27) 和刚度约束式 (3.28)。

上述动态输出反馈控制问题也可转化为静态输出反馈问题 (图 3.9)，即

$$\dot{x} = Ax + B\hat{u} + B_w w \tag{3.29}$$

$$\hat{y} = \hat{C}_y x \tag{3.30}$$

$$z = \hat{C}_z x + \hat{D}_z \hat{u} \tag{3.31}$$

$$\hat{u} = F\hat{y} \tag{3.32}$$

其中，$x = \begin{bmatrix} x_g \\ x_k \end{bmatrix}$；$\hat{u} = \begin{bmatrix} \dot{x}_k \\ u \end{bmatrix}$；$\hat{y} = \begin{bmatrix} x_k \\ y \end{bmatrix}$；$F = \begin{bmatrix} A_k & B_k \\ C_k & D_k \end{bmatrix}$。

$$\left[\begin{array}{c:c:c} A & B & B_w \\ \hdashline \hat{C}_y & 0 & 0 \\ \hdashline \hat{C}_z & \hat{D}_z & 0 \end{array} \right] = \left[\begin{array}{cc:cc:c} A_g & 0 & 0 & B_g & B_{gw} \\ 0 & 0 & I & 0 & 0 \\ \hdashline 0 & I & 0 & 0 & 0 \\ C_y & 0 & 0 & 0 & 0 \\ \hdashline C_z & 0 & 0 & D_z & 0 \end{array} \right]$$

静态输出反馈矩阵 F 具有式 (3.26) 所示的特殊结构，满足约束式 (3.27) 和式 (3.28)。

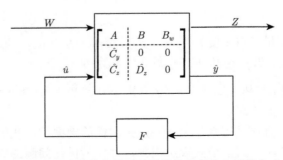

图 3.9 具有结构化的反馈增益的静态输出反馈公式

从 w 到 z 的闭环系统可以写成标准形式，即

$$\dot{x} = A_{cl}x + B_{cl}w, \quad z = C_{cl}x + D_{cl}w \tag{3.33}$$

其中

$$\left[\begin{array}{c|c} A_{cl} & B_{cl} \\ \hline C_{cl} & D_{cl} \end{array} \right] = \left[\begin{array}{c|c} A + BF\hat{C}_y & B_w \\ \hline \hat{C}_z + \hat{D}_z F\hat{C}_y & 0 \end{array} \right] \tag{3.34}$$

3.2.3 H_2 优化方法

本节介绍系统 H_2 范数，提出一种基于梯度的 H_2 范数参数优化方法。

1. 系统 H_2 范数

式 (3.33) 的系统 H_2 范数定义为

$$\|H\|_2^2 = \int_0^\infty \mathrm{trace}\left(h_{zw}^{\mathrm{T}}(t)h_{zw}(t)\right)\mathrm{d}t \tag{3.35}$$

$$= \frac{1}{2\pi}\int_0^\infty \mathrm{trace}\left(H_{zw}^{\mathrm{T}}(\mathrm{j}\omega)H_{zw}(\mathrm{j}\omega)\right)\mathrm{d}t \tag{3.36}$$

其中，h_{zw} 为系统脉冲响应矩阵；H_{zw} 为系统传递矩阵。

众所周知，如果系统输入 w 是一个白噪声过程，则系统 H_2 范数可以表示为 [59]

$$\|H\|_2^2 = \lim_{T\to\infty} E\left(\frac{1}{T}\int_0^T z^{\mathrm{T}}z\mathrm{d}t\right) \tag{3.37}$$

下面的定理提供了一种直接计算系统 H_2 范数的方法。

定理 3.1 考虑闭环系统 (3.33)，如果 A_{cl} 不稳定或者 $D_{cl} \neq 0$，则从 w 到 z 的 H_2 范数为无穷大，否则 [59]

$$\|H\|_2^2 = \mathrm{trace}(C_{cl}PC_{cl}^{\mathrm{T}}) = \mathrm{trace}(B_{cl}^{\mathrm{T}}SB_{cl}) \tag{3.38}$$

其中，P 和 S 为下面李雅普诺夫方程的解，即

$$A_{cl}P + PA_{cl}^{\mathrm{T}} + B_{cl}B_{cl}^{\mathrm{T}} = 0 \tag{3.39}$$

$$A_{cl}^{\mathrm{T}}S + SA_{cl} + C_{cl}^{\mathrm{T}}C_{cl} = 0 \tag{3.40}$$

2. 结构化 H_2 优化

对于无控制器结构约束的全状态反馈和静态输出反馈，通过求解一些代数 Riccati 方程可以直接得到最优反馈增益 [59]。然而，由于式 (3.26)~式 (3.28) 中的控制器结构约束，这种方法不适合本节的问题。我们利用文献 [85] 的方法，提出一种有效且直接的方法来优化具有正实约束和静态刚度约束的控制器。

根据定理 3.1，有约束的非线性规划问题可以表示为

$$\min J(F) = \text{trace}(B_w^{\mathrm{T}} S B_w)$$

满足式 (3.40)、式 (3.27) 和式 (3.28)。

定义如下形式的拉格朗日方程，即

$$\mathcal{L}(F, S, L) = \text{trace}\left(B_w^{\mathrm{T}} S B_w + \left(A_{cl}^{\mathrm{T}} S + S A_{cl} + C_{cl}^{\mathrm{T}} C_{cl}\right) L\right) \tag{3.41}$$

其中，L 为拉格朗日乘子矩阵，$L^{\mathrm{T}} = L$。

利用矩阵微积分可得

$$\frac{\partial \mathcal{L}}{\partial F} = 2\left(\hat{D}_z^{\mathrm{T}} \hat{D}_z F \hat{C}_y + B^{\mathrm{T}} S + \hat{D}_z^{\mathrm{T}} \hat{C}_z\right) P \hat{C}_y^{\mathrm{T}} \tag{3.42}$$

$$\frac{\partial \mathcal{L}}{\partial L} = A_{cl}^{\mathrm{T}} S + S A_{cl} + C_{cl}^{\mathrm{T}} C_{cl} \tag{3.43}$$

$$\frac{\partial \mathcal{L}}{\partial S} = A_{cl} P + P A_{cl}^{\mathrm{T}} + B_{cl} B_{cl}^{\mathrm{T}} \tag{3.44}$$

梯度 $\dfrac{\partial \mathcal{L}}{\partial F}$ 是 $\dfrac{\partial \mathcal{L}}{\partial F_{i,j}}$ 的集合，而不是 $\mathcal{L}$ 对 F 中设计变量的导数。利用链式法则，考虑 F 的结构，可得

$$\frac{\partial \mathcal{L}}{\partial k_f} = \left(\frac{\partial \mathcal{L}}{\partial F}\right)_{9,9} + \left(\frac{\partial \mathcal{L}}{\partial F}\right)_{10,10} \tag{3.45}$$

$$\frac{\partial \mathcal{L}}{\partial k_r} = \left(\frac{\partial \mathcal{L}}{\partial F}\right)_{11,11} + \left(\frac{\partial \mathcal{L}}{\partial F}\right)_{12,12} \tag{3.46}$$

$$\frac{\partial \mathcal{L}}{\partial d_{f1}} = \left(\frac{\partial \mathcal{L}}{\partial F}\right)_{9,1} + \left(\frac{\partial \mathcal{L}}{\partial F}\right)_{10,3} \tag{3.47}$$

$$\frac{\partial \mathcal{L}}{\partial d_{r1}} = \left(\frac{\partial \mathcal{L}}{\partial F}\right)_{11,5} + \left(\frac{\partial \mathcal{L}}{\partial F}\right)_{12,7} \tag{3.48}$$

$$\frac{\partial \mathcal{L}}{\partial d_{f2}} = \left(\frac{\partial \mathcal{L}}{\partial F}\right)_{9,2} + \left(\frac{\partial \mathcal{L}}{\partial F}\right)_{10,4} \tag{3.49}$$

$$\frac{\partial \mathcal{L}}{\partial d_{r2}} = \left(\frac{\partial \mathcal{L}}{\partial F}\right)_{11,6} + \left(\frac{\partial \mathcal{L}}{\partial F}\right)_{12,8} \tag{3.50}$$

$$\frac{\partial \mathcal{L}}{\partial b_{f1}} = \left(\frac{\partial \mathcal{L}}{\partial F}\right)_{2,1} + \left(\frac{\partial \mathcal{L}}{\partial F}\right)_{4,3} \tag{3.51}$$

$$\frac{\partial \mathcal{L}}{\partial b_{r1}} = \left(\frac{\partial \mathcal{L}}{\partial F}\right)_{6,5} + \left(\frac{\partial \mathcal{L}}{\partial F}\right)_{8,7} \tag{3.52}$$

$$\frac{\partial \mathcal{L}}{\partial b_{f2}} = \left(\frac{\partial \mathcal{L}}{\partial F}\right)_{2,2} + \left(\frac{\partial \mathcal{L}}{\partial F}\right)_{4,4} \tag{3.53}$$

$$\frac{\partial \mathcal{L}}{\partial b_{r2}} = \left(\frac{\partial \mathcal{L}}{\partial F}\right)_{6,6} + \left(\frac{\partial \mathcal{L}}{\partial F}\right)_{8,8} \tag{3.54}$$

其中, $\left(\dfrac{\partial \mathcal{L}}{\partial F}\right)_{i,j}$ 表示式 (3.42) 中 $\left(\dfrac{\partial \mathcal{L}}{\partial F}\right)$ 的 $\{ij\}$ 项。

考虑式 (3.27) 和式 (3.28) 的约束条件。优化问题为有约束的非线性规划问题。为了消除这些约束,我们将 b 替换为 b^2 [85],修改相应的梯度,即可去除约束 $b \geqslant 0$; 如果参数 b 被限制在区间 $[b_{\min}, b_{\max}]$,则可以用以 θ 为变量的表达式表示 b,即

$$b = \frac{1}{2}(b_{\min} + b_{\max}) + \frac{1}{2}(b_{\max} - b_{\min}) \sin(\beta\theta)$$

其中, β 为比例系数,可影响收敛速度。

因此,可以用 $a_{f2}'^2$、d_{f2}^2、d_{f1}^2、$a_{r2}'^2$、d_{r2}^2、d_{r1}^2 替换 a_{f2}'、d_{f2}、d_{f1}、a_{r2}'、d_{r2}、d_{r1} 来消除式 (3.27) 的约束,并用链式法则修改相应梯度;用参数分别替换 a_{f1}'、a_{r1}'、k_f、k_r,则式 (3.27) 中的约束 $a_{f1}' \leqslant a_{f2}'d_{f2}$、$a_{r1}' \leqslant a_{r2}'d_{r2}$ 和式 (3.28) 中的约束可以被消除,即

$$a_{f1}' = \frac{1}{2}a_{f2}'^2 d_{f2}^2 \left(1 + \sin(\beta\theta_{af})\right)$$

$$a_{r1}' = \frac{1}{2}a_{r2}'^2 d_{r2}^2 \left(1 + \sin(\beta\theta_{ar})\right)$$

$$k_f = \frac{1}{2}(k_{\max} + k_{\min}) + \frac{1}{2}(k_{\max} - k_{\min}) \sin(\beta\theta_{kf})$$

$$k_r = \frac{1}{2}(k_{\max} + k_{\min}) + \frac{1}{2}(k_{\max} - k_{\min}) \sin(\beta\theta_{kr})$$

其中, θ_{af}、θ_{ar}、θ_{kf} 和 θ_{kr} 为新的设计变量,梯度可以通过链式法则得到。

现在得到一个无约束的非线性规划问题,并得到一组最优的必要条件,即

$$\frac{\partial \mathcal{L}}{\partial L} = 0, \quad \frac{\partial \mathcal{L}}{\partial S} = 0 \tag{3.55}$$

对新设计变量的导数为 0。对于一个给定的 F, $\dfrac{\partial \mathcal{L}}{\partial L} = 0$ 和 $\dfrac{\partial \mathcal{L}}{\partial S} = 0$ 是两个解耦的李雅普诺夫方程,很容易求解。此外,如果满足这些方程,则有

$$\frac{\partial J}{\partial \eta} = \frac{\partial \mathcal{L}}{\partial \eta} \tag{3.56}$$

其中, η 分别表示设计变量 θ_{kf}、a_{f2}'、θ_{af}、d_{f2}、d_{f1}、θ_{kr}、a_{r2}'、θ_{ar}、d_{r2}、d_{r1}。

然后,在求解给定 F 的两个李雅普诺夫方程后,利用式 (3.56) 可以得到 $J = \|H\|_2^2$ 对设计变量的梯度。

因此,基于梯度的优化方法是,选取一组可行的设计变量初始值,构成一个可行的 F,然后选取一种基于梯度的优化方法求解得到的无约束非线性规划问题,

从而得到结构化的局部最优反馈增益，其中梯度信息可以通过求解式 (3.39) 和式 (3.40)，然后代入式 (3.55) 得到。

本节采用的基于梯度的算法是一种信赖域算法，可直接调用 MATLAB 的 fminunc 函数。由于得到的优化问题是非凸的，不能保证全局最优。为了避免陷入局部极小值，利用 MATLAB 全局优化工具箱中的 MultiStart 函数对，随机选取的多个初始点进行多次优化。

3.2.4　数值仿真

采用表 3.4 所示的车辆参数说明结构 H_2 优化方法。对于道路模型，采用六阶 Padé 近似描述前轮和后轮的纯延迟。

表 3.4　全车模型参数[38]

符号	值
m_s	1600 kg
I_θ	1000 kgm^2
I_ϕ	450 kgm^2
m_f、m_r	50 kg
l_f	1.15 m
l_r	1.35 m
t_f、t_r	0.75 m
k_{tf}、k_{tr}	250 kN/m

采用如图 3.10所示的传统无源悬架进行对比。该无源悬架安装在整车模型的四个角落。同时，由于整车模型的几何形状，假设左悬架的参数值与右悬架的参数值相同，分别讨论静态刚度不固定和固定两种情况 [38,85]。值得注意的是，虽然本节是在静态刚度不固定的情况下讨论的，但对于静态刚度固定问题可以很容易地推导出来。该问题可以看作静态刚度不固定问题的一个特例。

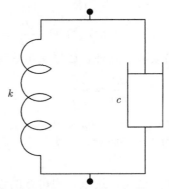

图 3.10　传统无源悬架 (C1)

1. 静态刚度不固定的情况

1) $\rho_1 = 1$, $\rho_2 = 100$, $\rho_3 = 100$ 的情况

性能指标的权重因子式 (3.17) 选为, $\rho_1 = 1$、$\rho_2 = 100$、$\rho_3 = 100$。式 (3.28) 所示的静态刚度下界和上界取为 $k_{\min} = 10 \text{ kN/m}$, $k_{\max} = 80 \text{ kN/m}$。假设车辆行驶在 C 类道路上, 前进速度为 30 m/s, 则 $K_f(s)$ 和 $K_r(s)$ 分别为

$$K_f(s) = \frac{10000}{s} + \frac{1.36 \times 10^9 s}{s^2 + 3.03 \times 10^6 s + 5.25 \times 10^6}$$

$$= \frac{10000}{s} + \cfrac{1}{\cfrac{s}{1.36 \times 10^9} + \cfrac{1}{448.07} + \cfrac{1}{259.10 s}} \tag{3.57}$$

$$K_r(s) = \frac{10000}{s} + \frac{1.51 \times 10^9}{s^2 + 6.47 \times 10^6 s + 1.40 \times 10^7}$$

$$= \frac{10000}{s} + \cfrac{1}{\cfrac{s}{1.51 \times 10^9} + \cfrac{1}{233.22} + \cfrac{1}{107.56 s}} \tag{3.58}$$

显然, 式 (3.57) 和式 (3.58) 给出的 $K_f(s)$ 和 $K_r(s)$ 可以实现为如图 3.11所示的串联结构 C2, 其中, $K_f(s)$ 的参数为 $k = 10 \text{ kN/m}$、$k_b = 1.36 \times 10^6 \text{ kN/m}$、$b = 259.10 \text{ kg}$、$c = 448.07 \text{ N·s/m}$; $K_r(s)$ 的参数为 $k = 10 \text{ kN/m}$, $k_b = 1.51 \times 10^6$ kN/m、$b = 107.56 \text{ kg}$、$c = 233.22 \text{ N·s/m}$。

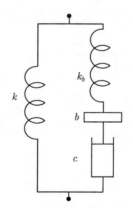

图 3.11   串联结构 (C2)

注意到 k_b 的值非常大, 因此弹簧 k_b 可以看作刚性连接, 那么 C2 右侧的结构简化为一个惯容和一个阻尼器的串联结构。因为串联结构 C2 作为固定结构 [38, 89] 给出, 该实例表明本节提出的方法能够有效地复现已有的固定结构。

2) $\rho_1 = 1$，$\rho_2 = 5 \times 10^3$，$\rho_3 = 10^6$ 的情况

性能指标的权重因子式 (3.17) 选为 $\rho_1 = 1$、$\rho_2 = 5 \times 10^3$、$\rho_3 = 10^6$。式 (3.28) 所示的静态刚度上界和下界取为 $k_{\min} = 10$ kN/m、$k_{\max} = 80$ kN/m。在 $V = 30$ m/s 和 C 类道路纵横面的条件下，导纳 $K_f(s)$ 和 $K_r(s)$ 分别为

$$K_f(s) = \frac{1.285 \times 10^4}{s} + \frac{2.569 \times 10^5 (s + 172.29)}{s^2 + 172.29s + 15703.65}$$

$$= \frac{1.285 \times 10^4}{s} + \cfrac{1}{\cfrac{s}{2.569 \times 10^5} + \cfrac{1}{16.36s + 2818.31}} \tag{3.59}$$

$$K_r(s) = \frac{2.126 \times 10^4}{s} + \frac{2.503 \times 10^5 (s + 180.11)}{s^2 + 180.11s + 17441.65}$$

$$= \frac{2.126 \times 10^4}{s} + \cfrac{1}{\cfrac{s}{2.503 \times 10^5} + \cfrac{1}{14.35s + 2584.53}} \tag{3.60}$$

显然，$K_f(s)$ 和 $K_r(s)$ 可实现为图 3.12 所示的由惯容、阻尼器和两个弹簧组成的结构。其参数如表 3.6 所示。其中 k 的单位为 kN/m，c 的单位为 N·s/m，b 的单位为 kg，"f" 和 "r" 分别表示 "前" 和 "后"。可以看到，与传统悬架 C1 相比，总性能得到显著提高（10.75%）。值得注意的是，图 3.12 所示的结构 C3 为一类新的含惯容的结构。这类结构在给定结构的优化中尚未出现 [38,89]，表明本节的方法可以有效地引入新的悬架结构。这也是网络综合法（黑箱法）的优势之一。

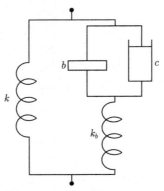

图 3.12　新获得的结构 (C3)

对于无源悬架，悬架结构和参数值不能在线修改。因此，在接下来的部分中，将结构 C3 的参数值固定为 $V = 30$ m/s 和 C 类路面情况下的最优值（表 3.5），

研究其在不同等级路面和不同速度下的性能综合性能指标 J 情况如图 3.13 所示。可以看出结构 C3 在 $V = 30$ m/s 和 C 类路面情况下得出最优值，在其他等级路面和速度下同样保持很好的性能，几乎与最优情况一样。这表明，本节方法的得到的参数对路面和速度的变化并不敏感。

表 3.5　在 $V = 30$ m/s、C 类路面和 $\rho_1 = 1$、$\rho_2 = 5 \times 10^3$、$\rho_3 = 10^6$ 时的结构参数

结构	传统 C1	新得到 C3
k (f/r)/(kN/m)	23.65/35.30	12.85/21.26
c (f/r)/(N·s/m)	2759.07/2559.72	2818.31/2584.53
k_b (f/r)/(kN/m)	——	256.90/250.30
b (f/r)/kg	——	16.36/14.35

表 3.6　在 $V = 30$ m/s、C 类路面和 $\rho_1 = 1$、$\rho_2 = 5 \times 10^3$、$\rho_3 = 10^6$ 时的性能指标

性能指标	传统 C1	新得到 C3
总体性能指标 J	33.29	29.71
乘坐舒适度 J_1	3.38	3.83
悬架挠度 $J_2(\times 10^{-4})$	1.06	1.03
轮胎与地面附着稳定性 $J_3(\times 10^{-5})$	2.94	2.53

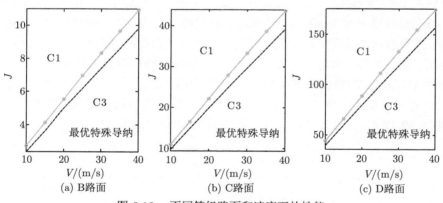

图 3.13　不同等级路面和速度下的性能

2. 静态刚度固定的情况

本例研究（式 (3.21) 和式 (3.22) 中的静态刚度 k_f 和 k_r）固定情形下的设计问题，将 k_f 和 k_r 从设计变量集中去除，同时去除静态刚度的约束式 (3.28)。式中的测量输出 y 仅由悬架连接处的相对速度组成，悬架静态反馈增益矩阵 F 可表示为

$$F = \left[\begin{array}{c|c} A_k & B_k \\ \hline C_k & D_k \end{array} \right]$$

$$
= \begin{bmatrix}
0 & 1 & & & & & 0 \\
-d_{f1} & -d_{f2} & & & & & 1 \\
& & 0 & 1 & & & 0 \\
& & -d_{f1} & -d_{f2} & & & 1 \\
& & & & 0 & 1 & 0 \\
& & & & -d_{r1} & -d_{r2} & 1 \\
& & & & & & 0 & 1 & 0 \\
& & & & & & -d_{r1} & -d_{r2} & 1 \\
\hline
a'_{f1} & a'_{f2} & & & & & 0 \\
& & a'_{f1} & a'_{f2} & & & 0 \\
& & & & a'_{r1} & a'_{r2} & & & 0 \\
& & & & & & a'_{r1} & a'_{r2} & 0
\end{bmatrix}
$$

　　静态刚度设置范围从 $10\sim120$ kN/m，包含从软簧载乘用车到跑车、重型货车，再到赛车 [38]。选择 $\rho_1 = 1$、$\rho_2 = 0$、$\rho_3 = 0$ 和 $\rho_1 = 0$、$\rho_2 = 0$、$\rho_3 = 1$ 两种情形，分别对应最优乘坐舒适性 J_1 和轮胎动载荷 J_3。仿真结果如图 3.14 和图 3.15 所示。结果表明，最优结构在乘坐舒适性和轮胎动载荷两方面性能均有 10% 以上的提高。表 3.7 所示为静态刚度 $k_f/k_r = 80$ kN/m 时的详细对比结果，其中 k 的单位为 kN/m，c 的单位为 N·s/m，b 的单位为 kg，"f" 和 "r" 分别表示 "前" 和 "后"。可以看出，与传统悬架结构 C1 相比，舒适性和轮胎动载荷性能分别得到 15.96% 和 12.51% 的改善，并且引入如图 3.16(b) 所示的新结构。

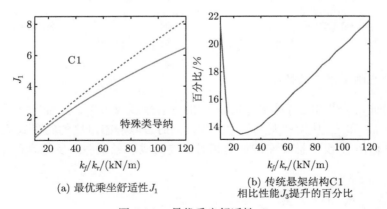

(a) 最优乘坐舒适性 J_1　　　　(b) 传统悬架结构C1
相比性能 J_3 提升的百分比

图 3.14　最优乘坐舒适性 J_1

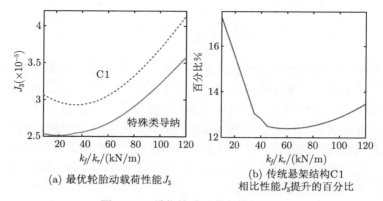

(a) 最优轮胎动载荷性能 J_3

(b) 传统悬架结构C1
相比性能 J_3 提升的百分比

图 3.15　最优轮胎动载荷性能 J_3

表 3.7　当 $k_f/k_r = 80$ kN/m 时最佳乘坐舒适性和轮胎动载荷性能对比

(a) 最优乘坐舒适度

结构	最优 J_1	参数值
传统 C1	4.51	$c_f = 3228.36$N·s/m, $c_r = 2496.08$N·s/m
本节	3.79 (15.96% 提高)	图 3.16(a): $b = 382.56$kg, $c = 4415.74$N·s/m 图 3.16(b): $b = 24.90$kg, $c_1 = 1672.95$N·s/m, $c_2 = 66128.44$N·s/m

(b) 最优轮胎动载荷

结构	最优 J_3 ($\times10^{-5}$)	参数值
传统 C1	3.33	$c_f = 3319.95$N·s/m, $c_r = 3143.70$N·s/m
本节	2.91 (12.51%提高)	图 3.11: $k_b = 475.96$, $c = 3850.45$N·s/m, $b = 434.82$kg 图 3.11: $k_b = 453.09$kN/m, $c = 3571.26$N·s/m, $b = 334.40$kg

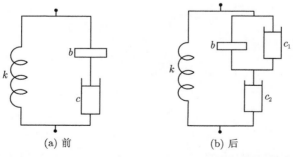

(a) 前

(b) 后

图 3.16　当 $k_f/k_r = 80$ kN/m 时，最优舒适性的悬架结构

3.3　小　　结

本章利用网络综合方法进行无源悬架系统设计的问题。与给定悬架结构进行悬架参数优化不同，本章直接优化某一类正实函数的参数，然后采用网络综合方法实现机械结构。这种设计方法可以从结构和参数两个方面进行优化，提升系统的性能。由于在机械设计中，导纳函数阶次越高，得到的机械网络越复杂，往往需要越多的机械元件和越复杂的网络结构，因此也需要越多的空间和越高的成本。对于机械系统，特别是如车辆悬架系统等对空间和成本要求较高的机械系统，高阶的导纳函数很难满足空间小、成本低的要求。因此，本章仅讨论导纳函数为低阶函数时的无源悬架设计问题。针对悬架结构是否含有并联的提供静态支撑的弹簧，分别讨论两种情形下的设计问题。在此基础上，提出一种有效的基于梯度的优化方法，直接将具有正实约束的闭环系统的 H_2 范数最小化。以全车模型为例，综合考虑乘坐舒适性、悬架行程和轮胎动载荷性能。仿真结果表明，该方法除了能有效地处理非定常静态刚度优化问题外，还能有效地处理定常静态刚度问题；不但可以复现已有的网络结构，而且可以根据不同的权重因子引导新型的网络结构。这也是网络综合法的重要优势之一。

第 4 章　基于惯容的半主动悬架系统设计

半主动悬架通过消耗少量能量在线调节元件参数，从而提升系统性能。其与主动悬架相比能耗较低，与无源悬架相比性能更高，因此是近年来的热点研究问题。传统的半主动悬架结构通常为一个弹簧与一个半主动阻尼器（可能包含无源阻尼器）并联构成，得到广泛研究 [62, 71, 90-93]。本章研究惯容在半主动悬架中的应用问题。考察现有半主动悬架结构可以发现，半主动悬架整体由两个部分构成，即无源部分和半主动部分。传统的半主动悬架无源部分为一个无源弹簧、无源弹簧和无源阻尼器并联的形式，而半主动部分为一个半主动阻尼器。悬架的整体性能由无源部分和半主动部分决定。在传统半主动悬架设计中，研究的重点是半主动阻尼器的控制问题，从而提升悬架系统整体性能。惯容的出现使无源机械网络结构变得更加丰富，因此本章考虑改善无源部分，即把传统半主动悬架的无源部分替换为一类含惯容的无源机械网络，提升半主动悬架整体性能。为证实这种设计思想，本章从两个方面设计半主动悬架的无源部分，即给定常见的含惯容结构和采用网络综合的方法，保持半主动部分使用典型的半主动控制方法控制半主动阻尼器。

4.1　问 题 描 述

4.1.1　含惯容的半主动悬架结构

考虑图 4.1 所示的四分之一车辆模型，其包括簧载质量 m_s、非簧载质量 m_u 和轮胎刚度 k_t[90]。悬架系统由无源部分和半主动部分组成。无源部分由一个并联的弹簧和一个无源机械网络组成，其中无源机械网络的导纳为 $W(s)$（图 4.1 中为 $Q(s)$），无源部分整体的导纳为 $Y(s) = \dfrac{k_s}{s} + W(s)$。这里导纳依据力-电流类比关系来定义，是力与速度之比 [1, 10]。半主动部分为半主动阻尼器，如电液（electrohydraulic, EH）、磁流变阻尼器（magnetorheological, MR）或电流变阻尼器（electrorheological，ER）等 [62]。

半主动阻尼器的可控阻尼系数可表示为 c_v，通过改变 EH 阻尼器的电子阀门、MR 阻尼器、ER 阻尼器的流体物理特性调整 [62]。由半主动部分产生的力 F_d 可以表示为 $F_d = c_v(\dot{z}_s - \dot{z}_u)$，其中 $c_v \in [c_{\min}, c_{\max}]$。调节过程假定可控阻尼系数在一个标称阻尼系数 c_{v0} 的基础上调整。这样，c_v 的下限和上限分别变为 $c_{\min} - c_{v0}$ 和 $c_{\max} - c_{v0}$。

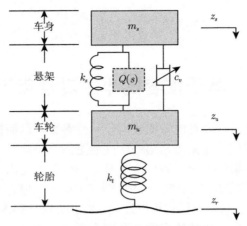

图 4.1   半主动四分之一车辆模型

半主动四分之一车辆系统的状态空间模型可表示为

$$\dot{x}_m = A_m x_m + B_m F_p + B_m F_d + B_{mr} z_r \tag{4.1}$$

其中，$x_m = [z_s\ z_u\ \dot{z}_s\ \dot{z}_u]^{\mathrm{T}}$; F_p 为网络 $W(s)$ 产生的力。

$$A_m = \begin{bmatrix} 0 & I \\ -M^{-1}K & -M^{-1}C_{v0} \end{bmatrix}, \quad B_m = \begin{bmatrix} 0 \\ M^{-1}E \end{bmatrix}$$

$$B_{mr} = \begin{bmatrix} 0 \\ M^{-1}K_t \end{bmatrix}, \quad M = \mathrm{diag}\{m_s, m_u\}, \quad E = [1\ 1]^{\mathrm{T}}$$

$$K_t = [0\ k_t]^{\mathrm{T}}, \quad C_{v0} = \begin{bmatrix} c_{v0} & -c_{v0} \\ -c_{v0} & c_{v0} \end{bmatrix}, \quad K = \begin{bmatrix} k_s & -k_s \\ -k_s & k_s + k_t \end{bmatrix}$$

定义 $\hat{F}_p = sW(s)(\hat{z}_s - \hat{z}_u)$，其中 $\hat{F}_p$、$\hat{z}_s$ 和 $\hat{z}_u$ 为 F_p、z_s 和 z_u 的拉普拉斯变换。无源机械网络 $W(s)$ 的状态空间模型可表示为

$$\dot{x}_p = A_p x_p + B_p(\dot{z}_s - \dot{z}_u) \tag{4.2}$$

$$F_p = C_p x_p + D_p(\dot{z}_s - \dot{z}_u) \tag{4.3}$$

其中，$\dot{z}_s - \dot{z}_u$ 为输入；F_p 为输出。

结合式 (4.1)~式 (4.3)，半主动四分之一汽车模型可以改写为

$$\dot{x}_g = A_g x_g + B_g F_d + B_{gr} z_r \tag{4.4}$$

其中，$x_g = [x_m^{\mathrm{T}} \ x_p^{\mathrm{T}}]^{\mathrm{T}}$；$A_g = \begin{bmatrix} A_m + B_m D_p L & B_m C_p \\ B_p L & A_p \end{bmatrix}$，$L = [0 \ \ 0 \ \ 1 \ \ -1]$；$B_g = \begin{bmatrix} B_m \\ 0 \end{bmatrix}$；$B_{gr} = \begin{bmatrix} B_{mr} \\ 0 \end{bmatrix}$。

道路模型可采用 3.2.2 节中的一阶模型表示，即路面垂向位移 z_r 可表示为

$$\dot{z}_r(t) = -\alpha V z_r(t) + w(t) \tag{4.5}$$

其中，白噪声过程 $w(t)$ 的谱密度 $\Psi_w = 2\alpha V \sigma^2$；$V$ 为车辆前进速度。

不同的路面等级以及与模型（4.5）中参数的关系如表 3.3 所示[87]。

结合式 (4.4) 和式 (4.5)，以及 $x = [x_g^{\mathrm{T}} \ z_r]^{\mathrm{T}}$，可以获得一个增广的模型，即

$$\dot{x} = Ax + BF_d + B_w w \tag{4.6}$$

其中，$A = \begin{bmatrix} A_g & B_{gr} \\ 0 & -\alpha V \end{bmatrix}$；$B = \begin{bmatrix} B_g \\ 0 \end{bmatrix}$；$B_w = \begin{bmatrix} 0 \\ 1 \end{bmatrix}$。

定义输出变量 y 为包含簧载质量加速度、悬架行程、轮胎形变的向量，即

$$y = [\ddot{z}_s \ (z_s - z_u) \ (z_u - z_r)]^{\mathrm{T}} = Cx + DF_d$$

其中，$C = \begin{bmatrix} & & A(3,:) & & & \\ 1 & -1 & 0 & 0 & 0 & 0 \\ 0 & 1 & 0 & 0 & 0 & -1 \end{bmatrix}$；$D = \begin{bmatrix} B_m(3,:) \\ 0 \\ 0 \end{bmatrix}$；$A(3,:)$ 和 $B_m(3,:)$ 为 A 和 B_m 的第 3 行。

为了同时处理这三个性能要求，将二次型性能指标定义为

$$J = \lim_{T \to \infty} \int_0^{\mathrm{T}} y^{\mathrm{T}} \Lambda y + F_d^2 r \mathrm{d}t \tag{4.7}$$

其中，Λ 为包含簧载质量加速度、悬架行程和轮胎形变的加权因子；r 为由设计者确定的加权因子。

性能指标 (4.7) 可以改写为

$$J = \lim_{T \to \infty} \int_0^{\mathrm{T}} x^{\mathrm{T}} Q x + 2x^{\mathrm{T}} N F_d + F_d^{\mathrm{T}} R F_d \mathrm{d}t \tag{4.8}$$

其中，$Q = C^{\mathrm{T}} \Lambda C$；$N = C^{\mathrm{T}} \Lambda D$；$R = D^{\mathrm{T}} \Lambda D + r$。

4.1.2 无源部分设计

本节讨论采用两种方法设计无源部分的问题。

1. 给定结构机械网络

无源部分中的无源机械网络最直接的设计方法是采用一些典型的低复杂度机械网络。本章考虑如图 4.2 所示的 7 个网络作为无源部分中的无源机械网络的性能。令 s 表示拉普拉斯变量，则这 7 个无源机械网络的导纳函数为

$$W_1(s) = c$$

$$W_2(s) = bs + c$$

$$W_3(s) = \cfrac{1}{\cfrac{1}{c} + \cfrac{1}{bs}}$$

$$W_4(s) = \cfrac{1}{\cfrac{s}{k_b} + \cfrac{1}{bs} + \cfrac{1}{c}}$$

$$W_5(s) = \cfrac{1}{\cfrac{1}{\cfrac{k_1}{s} + c} + \cfrac{1}{bs}}$$

$$W_6(s) = \cfrac{1}{\cfrac{1}{\cfrac{k_1}{s} + c} + \cfrac{1}{\cfrac{k_2}{s} + bs}}$$

$$W_7(s) = \cfrac{1}{\cfrac{s}{k_b} + \cfrac{1}{\cfrac{k_1}{s} + c} + \cfrac{1}{\cfrac{k_2}{s} + bs}}$$

2. 低阶导纳函数机械网络

半主动悬架中无源部分的另外一种方式是网络综合方法。本节讨论 $W(s)$ 为一阶、二阶和三阶导纳函数时的半主动悬架设计问题，$W(s)$ 为下列导纳函数，即

$$W_{1st}(s) = \frac{\alpha_1 s + \alpha_0}{\beta_1 s + \beta_0} \tag{4.9}$$

$$W_{2nd}(s) = \frac{\alpha_2 s^2 + \alpha_1 s + \alpha_0}{\beta_2 s^2 + \beta_1 s + \beta_0} \tag{4.10}$$

$$W_{3rd}(s) = \frac{\alpha_3 s^3 + \alpha_2 s^2 + \alpha_1 s + \alpha_0}{\beta_3 s^3 + \beta_2 s^2 + \beta_1 s + \beta_0} \tag{4.11}$$

采用的一阶、二阶和三阶导纳函数正实性判据见 3.1.1 节。

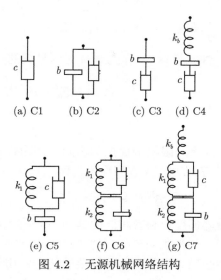

图 4.2　无源机械网络结构

4.1.3　次优控制律设计

如果忽略半主动阻尼系数的上下界约束，那么式 (4.6) 和式 (4.8) 组成的控制问题可视为一类线性二次型调节（linear quadratic regulation，LQR）问题，并且可以导出最优控制律为

$$F_d^* = -R^{-1}\left(B^{\mathrm{T}}P + N^{\mathrm{T}}\right)x \tag{4.12}$$

其中，P 为以下黎卡提方程（algebraic Ricotta equation，ARE）的解，即

$$A^P + PA - (PB + N)R^{-1}(B^{\mathrm{T}}P + N^{\mathrm{T}}) + Q = 0 \tag{4.13}$$

若考虑半主动阻尼系数的上下界约束，文献 [91] 表明此时的最优解需要计算时变黎卡提方程，无法获得解析解。然而，实际应用中常采用次优的控制律近似最优控制律，常用的两种次优控制律为限幅最优控制（clipped optimal control，COC）和最陡梯度控制（steepest gradient control，SGC）。

1. 限幅最优控制

限幅最优控制律表述为

$$F_d = \begin{cases} F_{d_{\min}}, & F_d^* < F_{d_{\min}} \\ F_d^*, & F_{d_{\min}} \leqslant F_d^* \leqslant F_{d_{\max}} \\ F_{d_{\max}}, & F_d^* > F_{d_{\max}} \end{cases} \tag{4.14}$$

其中，F_d^* 由式 (4.12) 给出。

$$F_{d_{\min}} = (c_{\min} - c_{v0})\left|\dot{z}_s - \dot{z}_u\right| \tag{4.15}$$

$$F_{d_{\max}} = (c_{\max} - c_{v0})\,|\dot{z}_s - \dot{z}_u| \tag{4.16}$$

如文献 [91] 所示，性能指标 (4.8) 与最优无源悬架的关系可以表示为

$$J_{\text{semi}} = J_{\text{passive}} + \int_0^\infty \left(2x^{\mathrm{T}} N F_d + F_d^{\mathrm{T}} R F_d\right) \mathrm{d}t$$

2. 最陡梯度控制

最陡梯度控制律形式上与限幅最优控制相同，都为式 (4.14)，但式 (4.12) 计算 F_d^* 的 P 矩阵由如下李雅普诺夫方程导出，即

$$A^{\mathrm{T}} P + P A = -Q \tag{4.17}$$

限幅最优控制和最陡梯度控制有相同的结构，唯一的区别是确定 P 的方式不同。限幅最优控制相当于使半主动悬架近似主动最优控制律，而最陡梯度控制控制律相当于在无源悬架基础上提升半主动悬架性能 [91]。由于这两个控制律都严重依赖权重系数的值，因此很难说哪个对于一般的半主动悬架系统更好 [92]。这两类控制律作为半主动控制中的典型控制律，用来证明通过改进无源部分，而半主动部分采用典型控制方法，可有效提升悬架的性能。

4.2　无源部分为给定结构的半主动悬架性能分析

本节对无源部分为给定机械结构时的悬架性能进行分析，分别基于四分之一车辆模型和全车模型来分析半主动悬架的性能。

4.2.1　基于四分之一车辆模型仿真

本节采用四分之一车辆模型验证提出的方法的有效性。车辆参数选取与文献 [38] 相同，$m_s = 250\text{kg}$、$m_u = 35\text{kg}$、$k_t = 150\text{kN/m}$，悬架静态刚度 k_s 选择从 $10 \sim 120\text{kN/m}$，车辆前进速度 V 为 30m/s，半主动阻尼的标称值选择为 $c_{v0} = 1500\text{N·s/m}$。此外，式 (4.7) 中的 r 取为 0，半主动阻尼系数的界限选为 $c_{\min} = 0\text{N·s/m}$、$c_{\max} = 3000\text{N·s/m}$。

1. 定量性能指标

为了定量比较不同悬架结构和设计方法之间的性能，分别定义 y、$\ddot{z}_s$、$z_s - z_u$ 和 $z_u - z_r$ 的均方根值为 Σ、Σ_{acc}、Σ_{sus} 和 Σ_{rhd}，表示整体综合性能、乘坐舒适性、悬架行程和轮胎动载荷性能。

选取加权因子 Λ 为

$$\Lambda = \mathrm{diag}\left\{\frac{1}{\Sigma_{\text{acc}}^{\text{norm}\,2}},\quad \frac{\rho_1}{\Sigma_{\text{sus}}^{\text{norm}\,2}},\quad \frac{\rho_2}{\Sigma_{\text{rhd}}^{\text{norm}\,2}}\right\} \tag{4.18}$$

其中，$\Sigma_{\mathrm{acc}}^{\mathrm{norm}}$、$\Sigma_{\mathrm{sus}}^{\mathrm{norm}}$、$\Sigma_{\mathrm{rhd}}^{\mathrm{norm}}$ 为 Σ_{acc}、Σ_{sus}、Σ_{rhd} 的标准化值。

本章的标准化值选取基于标称阻尼系数 $c_{v0} = 1500\mathrm{N\cdot s/m}$ 的开环系统（无源系统）相应的参数，即 $\Sigma_{\mathrm{acc}}^{\mathrm{norm}} = 0.9962$、$\Sigma_{\mathrm{sus}}^{\mathrm{norm}} = 0.0058$、$\Sigma_{\mathrm{rhd}}^{\mathrm{norm}} = 0.0028$。对于上述 Λ，有

$$\Sigma^2 = \frac{\Sigma_{\mathrm{acc}}^2}{\Sigma_{\mathrm{acc}}^{\mathrm{norm}\,2}} + \rho_1 \frac{\Sigma_{\mathrm{sus}}^2}{\Sigma_{\mathrm{sus}}^{\mathrm{norm}\,2}} + \rho_2 \frac{\Sigma_{\mathrm{rhd}}^2}{\Sigma_{\mathrm{rhd}}^{\mathrm{norm}\,2}}$$

其中，ρ_1 和 ρ_2 为乘坐舒适性、悬架行程和轮胎动载荷之间的加权因子。

本节选取三组 ρ_1 和 ρ_2 的值，即

$$\begin{cases} \rho_1 = 0.5, \ \rho_2 = 0.5, & \text{乘坐舒适性优先于轮胎动载荷} \\ \rho_1 = 0.5, \ \rho_2 = 1, & \text{乘坐舒适性和轮胎动载荷优先级相同} \\ \rho_1 = 0.5, \ \rho_2 = 1.5, & \text{轮胎动载荷优先于乘坐舒适性} \end{cases}$$

2. 无源部分参数优化

本节采用 Nelder-Mead 单纯形法优化图 4.2 中每一个结构的元件参数。优化过程选取不同的初始值避免优化算法陷入局部最优值，类似的优化过程请见文献 [38], [53]。对于不同的静态刚度和不同的权重因子 ρ_1 和 ρ_2，通过求解优化问题可以得到最优参数集合。表 4.1 所示为 $k_s = 80\mathrm{kN/m}$ 时每个悬架结构的最优参数值。由于 C4 和 C7 分别退化为 C3 和 C6，因此表 4.1 未列出 C4 和 C7 的值。由于在优化时考虑标称阻尼 c_{v0}，因此在优化参数时，默认存在一个并联阻尼器且阻尼系数为 c_{v0}。

表 4.1   四分之一车模型当 $k_s = 80\ \mathrm{kN/m}$ 时无源部分的参数

惯容	$\rho_2 = 0.5$	$\rho_2 = 1$	$\rho_2 = 1.5$
C1	$c = 2.10\mathrm{kN\cdot s/m}$	$c = 2.05\mathrm{kN\cdot s/m}$	$c = 2.02\mathrm{kN\cdot s/m}$
C2	$c = 1.76\mathrm{kN\cdot s/m}$	$c = 1.78\mathrm{kN\cdot s/m}$	$c = 1.80\mathrm{kN\cdot s/m}$
	$b = 47.74\mathrm{kg}$	$b = 43.14\mathrm{kg}$	$b = 39.65\mathrm{kg}$
C3	$c = 3.44\mathrm{kN\cdot s/m}$	$c = 3.33\mathrm{kN\cdot s/m}$	$c = 3.24\mathrm{kN\cdot s/m}$
	$b = 217.00\mathrm{kg}$	$b = 214.73\mathrm{kg}$	$b = 212.98\mathrm{kg}$
C5	$c = 2.54\mathrm{kN\cdot s/m}$	$c = 2.38\mathrm{kN\cdot s/m}$	$c = 2.27\mathrm{kN\cdot s/m}$
	$b = 144.92\mathrm{kg}$	$b = 139.50\mathrm{kg}$	$b = 135.62\mathrm{kg}$
	$k_1 = 28.52\mathrm{kN/m}$	$k_1 = 28.83\mathrm{kN/m}$	$k_1 = 28.90\mathrm{kg/m}$
C6	$c = 2.53\mathrm{kN\cdot s/m}$	$c = 2.39\mathrm{kN\cdot s/m}$	$c = 2.30\mathrm{kN\cdot s/m}$
	$b = 177.01\mathrm{kg}$	$b = 171.96\mathrm{kg}$	$b = 168.06\mathrm{kg}$
	$k_1 = 22.73\mathrm{kN/m}$	$k_1 = 23.19\mathrm{kN/m}$	$k_1 = 23.50\mathrm{kN/m}$
	$k_2 = 5.37\mathrm{kN/m}$	$k_2 = 5.49\mathrm{kN/m}$	$k_2 = 5.53\mathrm{kN/m}$

3. 仿真结果

在限幅最优控制和最陡梯度控制下进行数值仿真，其中仿真时间为 20s，并且采用平均道路剖面（C 类道路）。注意，从这两个次优控制律可以获得类似的结

果。为简洁起见，只列出限幅最优控制下的结果，如图 4.3~ 图 4.8 所示。由于
C4 和 C7 的松弛弹簧 k_b 不会改善乘坐舒适度[38,89]，因此当 $\rho_1 = 0.5$ 和 $\rho_2 = 0.5$
时，C4 和 C7 分别退化为 C3 和 C6。

从图 4.3、图 4.5 和图 4.7 可以看出，对于选定的三组 ρ_1 和 ρ_2，具有惯容
的结构比传统的半主动悬架 C1 表现更好，可以获得超过 10% 的改善。图 4.3、
图 4.5 和图 4.7 表明，串联连接的惯容（C3 到 C7）比并联连接的惯容（C2）性
能更好。从图 4.4、图 4.6 和图 4.8 可以看出，串联放置结构 C3~C7 使乘坐舒适
性和轮胎动载荷性能同时得到改善。同时，悬架行程降低，与第 2 章中分析带有
惯容的无源悬架的结果一致。然而，并联放置结构如 C2 的乘坐舒适性的改善是通
过牺牲悬架行程和轮胎动载荷获得的。这是惯容在并联放置条件下的一个潜在缺点。

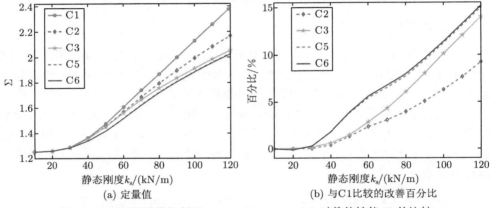

图 4.3   在限幅最优控制下，$\rho_1 = 0.5$、$\rho_2 = 0.5$ 时整体性能 Σ 的比较

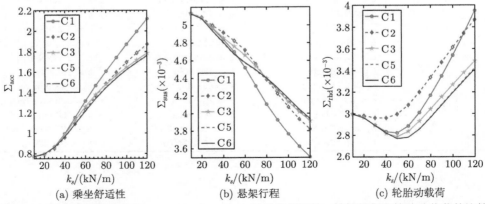

图 4.4   在限幅最优控制下，$\rho_1 = 0.5$、$\rho_2 = 0.5$ 时乘坐舒适性、悬架行程和轮胎动载荷的比较

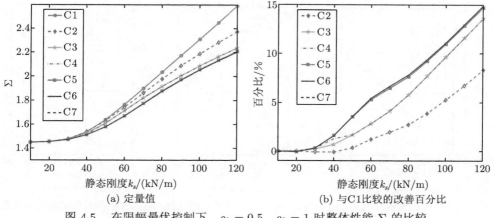

图 4.5 在限幅最优控制下，$\rho_1 = 0.5$、$\rho_2 = 1$ 时整体性能 Σ 的比较

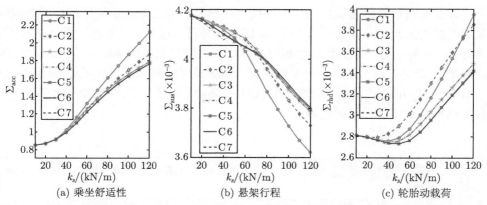

图 4.6 在限幅最优控制下，$\rho_1 = 0.5$、$\rho_2 = 1$ 时乘坐舒适性、悬架行程和轮胎动载荷的比较

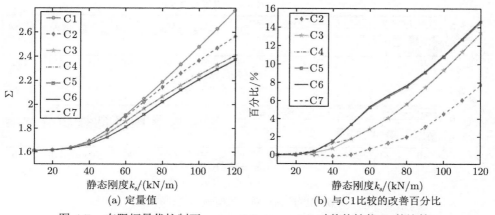

图 4.7 在限幅最优控制下，$\rho_1 = 0.5$、$\rho_2 = 1.5$ 时整体性能 Σ 的比较

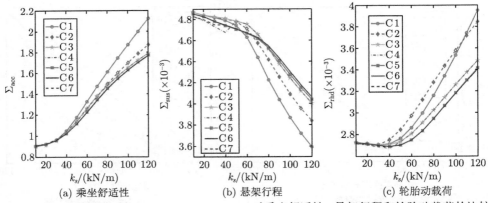

(a) 乘坐舒适性　　　　　　　(b) 悬架行程　　　　　　　(c) 轮胎动载荷

图 4.8　在限幅最优控制下，$\rho_1 = 0.5$、$\rho_2 = 1.5$ 时乘坐舒适性、悬架行程和轮胎动载荷的比较

　　现在来进行限幅最优控制和最陡梯度控制之间的比较。最陡梯度控制对限幅最优控制的改善百分比如图 4.9 所示。图中正号表示改善，负号表示恶化。对于选定的 ρ_1 和 ρ_2，这两个次优的控制律并没有太大的差别（图 4.9 中只有最多 1.5% 的差距）。此外，对于所考虑的车辆模型，限幅最优控制倾向于比低静态刚度范围（$10 \sim 30$kN/m）内的最陡梯度控制更好；在高静态刚度范围内（$70 \sim 120$kN/m），最陡梯度控制倾向于表现更好。

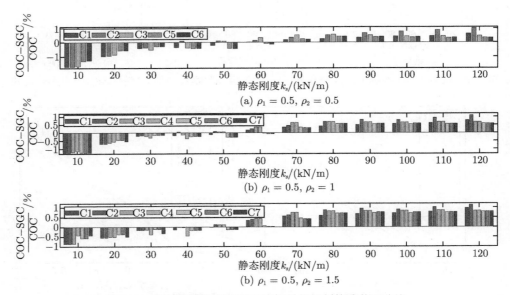

(a) $\rho_1 = 0.5, \rho_2 = 0.5$

(b) $\rho_1 = 0.5, \rho_2 = 1$

(b) $\rho_1 = 0.5, \rho_2 = 1.5$

图 4.9　最陡梯度控制相对于限幅最优控制的改善百分比

4.2.2 基于全车模型的仿真

本节进一步采用图 4.10 所示的模型分析半主动悬架性能。在该模型中，车身（簧载质量）假设为在垂直、俯仰和转动方向上具有三个自由度运动的刚体。车轮（非簧载质量）可以垂直方向移动。车辆重心位于纵轴，从重心到前轴和后轴的距离分别为 l_f 和 l_r。右前角、左前角、右后角和左后角分别表示为 fr、fl、rr 和 rl。

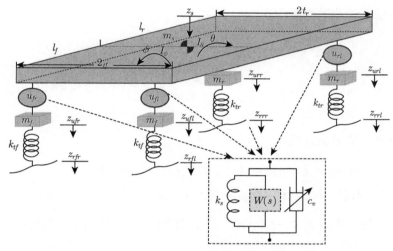

图 4.10 七自由度的半主动整车模型

本章提出的半主动悬架安装在每个转角，假设每个转角的悬架结构相同，但前后框架的数值不一定相同，需要通过数值优化确定。整车模型参数如表 4.2 所示。

表 4.2 整车模型参数

参数	符号
簧载质量/kg	m_s
俯仰惯量/(kg·m^2)	I_θ
转动惯量/(kg·m^2)	I_ϕ
非簧载质量 (前/后)/kg	m_f、m_r
前轴到重心的距离/m	l_f
后轴到重心的距离/m	l_r
前、后轴间的宽度 /m	t_f、t_r
静态刚度 (前/后)/(kN/m)	k_f、k_r
阻尼系数 (前/后)/(kN·s/m)	c_f、c_r
轮胎刚度 (前/后)/(kN/m)	k_{tf}、k_{tr}
车辆姿态: 升降/m	z_s
车辆姿态: 转动、俯仰/rad	ϕ、θ
非簧载质量位移/m	z_{ufr}、z_{ufl}、z_{urr}、z_{url}
主动执行器施力/kN	u_{fr}、u_{fl}、u_{rr}、u_{rl}

假设簧载质量在俯仰和转动方向的角度足够小，记

$$x_1 = [z_{sfr} \ \ z_{sfl} \ \ z_{srr} \ \ z_{srl}]^{\mathrm{T}} \tag{4.19}$$

$$x_s = [z_s \ \ \theta \ \ \phi]^{\mathrm{T}} \tag{4.20}$$

$$x_u = [z_{ufr} \ \ z_{ufl} \ \ z_{urr} \ \ z_{url}]^{\mathrm{T}} \tag{4.21}$$

$$z_r = [z_{rfr} \ \ z_{rfl} \ \ z_{rrr} \ \ z_{rrl}]^{\mathrm{T}} \tag{4.22}$$

可以获得以下运动学关系，即

$$x_1 = E^{\mathrm{T}} x_s$$

其中

$$E = \begin{bmatrix} 1 & 1 & 1 & 1 \\ -l_f & -l_f & l_r & l_r \\ t_f & -t_f & t_r & -t_r \end{bmatrix}$$

整车模型的运动方程为

$$M_s \ddot{x}_s = E C_s (\dot{x}_u - \dot{x}_1) + E K_s (x_u - x_1) - E u \tag{4.23}$$

$$M_u \ddot{x}_u = C_s (\dot{x}_1 - \dot{x}_u) + K_s (x_1 - x_u) + K_t (z_r - x_u) + u \tag{4.24}$$

其中，$u = F_d + F_p$，F_p 为每个角落 $W(s)$ 施加的力，F_d 为半主动阻尼释放的力。

$$M_s = \mathrm{diag}\{m_s, \ I_\theta, \ I_\phi\}$$

$$M_u = \mathrm{diag}\{m_f, \ m_f, \ m_r, \ m_r\}$$

$$K_s = \mathrm{diag}\{k_f, \ k_f, \ k_r, \ k_r\}$$

$$C_s = \mathrm{diag}\{c_{f0}, \ c_{f0}, \ c_{r0}, \ c_{r0}\}$$

$$K_t = \mathrm{diag}\{k_{tf}, \ k_{tf}, \ k_{tr}, \ k_{tr}\}$$

因此，可以获得下式，即

$$M_g \ddot{z}_g + C_g \dot{z}_g + K_g z_g = K_{gt} z_r + E_g u$$

其中，$z_g = [x_s^{\mathrm{T}}, \ x_u^{\mathrm{T}}]^{\mathrm{T}}$；$M_g = \begin{bmatrix} M_s & 0 \\ 0 & M_u \end{bmatrix}$；$C_g = \begin{bmatrix} E C_s E^{\mathrm{T}} & -E C_s \\ -C_s E^{\mathrm{T}} & C_s \end{bmatrix}$；$K_g = \begin{bmatrix} E K_s E^{\mathrm{T}} & -E K_s \\ -K_s E^{\mathrm{T}} & K_s + K_t \end{bmatrix}$；$K_{gt} = \begin{bmatrix} 0 \\ K_t \end{bmatrix}$；$E_g = \begin{bmatrix} -E \\ I \end{bmatrix}$。

记状态向量为 $x_m = [z_g^{\mathrm{T}}, \ \dot{z}_g^{\mathrm{T}}]^{\mathrm{T}}$，整车模型的状态空间可表示为

$$\dot{x}_m = A_m x_m + B_m F_p + B_m F_d + B_{mr} z_r \tag{4.25}$$

其中

$$A_m = \begin{bmatrix} 0 & I \\ -M_g^{-1}K_g & -M_g^{-1}C_g \end{bmatrix}$$

$$B_m = \begin{bmatrix} 0 \\ M_g^{-1}E_g \end{bmatrix}$$

$$B_{mr} = \begin{bmatrix} 0 \\ M_g^{-1}K_{gt} \end{bmatrix}$$

这与四分之一车辆模型是相似的，无源部分 $W(s)$ 的状态空间模型为

$$\dot{x}_p = A_p x_p + B_p(\dot{x}_1 - \dot{x}_u) \tag{4.26}$$

$$F_p = C_p x_p + D_p(\dot{x}_1 - \dot{x}_u) \tag{4.27}$$

其中，$\dot{x}_1 - \dot{x}_u = L' x_m$，$L' = [0 \quad E^{\mathrm{T}} \quad -I]$。

本章路面状况采用平行轨道，由不同白噪声处理 w_l 和 w_r 经过一阶滤波器得到。这种方式忽略了左右路况间的相关性。考虑前轮和后轮之间的纯时间延迟，并利用 Padé 近似进行逼近，可得到以下路况的状态空间模型，即

$$\dot{x}_r = A_r x_r + B_r w \tag{4.28}$$

$$z_r = C_r x_r \tag{4.29}$$

其中，$w = [w_l, \ w_r]^{\mathrm{T}}$ 为左右路况产生的白噪声。

最后包含整车模型，无源部分 $W(s)$ 和路面模型的增广模型为

$$\dot{x} = Ax + BF_d + B_w w \tag{4.30}$$

其中，$A = \begin{bmatrix} A_m + B_m D_p L' & B_m C_p & B_{mr} C_r \\ B_p L' & A_p & 0 \\ 0 & 0 & A_p \end{bmatrix}; B = \begin{bmatrix} B_m \\ 0 \\ 0 \end{bmatrix}; B_w = \begin{bmatrix} 0 \\ 0 \\ B_r \end{bmatrix}$。

因为簧载质量加速度、悬架位移和轮胎位移分别记为 $\ddot{x}_s$、$(x_1 - x_u)$ 和 $(x_u - z_r)$，被控输出定义为

$$y = \begin{bmatrix} \ddot{x}_s^{\mathrm{T}} & (x_1 - x_u)^{\mathrm{T}} & (x_u - z_r)^{\mathrm{T}} \end{bmatrix}^{\mathrm{T}}$$

类似地，性能测量值定义为

$$J = \lim_{T \to \infty} \int_0^{\mathrm{T}} (y^{\mathrm{T}} \Lambda y + F_d^{\mathrm{T}} \Xi F_d) \, \mathrm{d}$$

$$= \lim_{T \to \infty} \int_0^T \left(x^{\mathrm{T}} Q x + 2 x^{\mathrm{T}} N F_d + F_d^{\mathrm{T}} R F_d \right) \mathrm{d} \tag{4.31}$$

其中, $Q = C^{\mathrm{T}} \Lambda C$; $N = C^{\mathrm{T}} \Lambda D$; $R = D^{\mathrm{T}} \Lambda D + \Xi$, Ξ 是由设计者确定的权因子, $\Lambda = \mathrm{diag}\{\Lambda_1, \ \Lambda_2, \ \Lambda_3\}$, $\Lambda_1 = \mathrm{diag}\left\{ \dfrac{1}{\Sigma_{\mathrm{acc}}^{\mathrm{norm}\,2}}, \ \dfrac{1}{\Sigma_{\mathrm{acc}}^{\mathrm{norm}\,2}}, \ \dfrac{1}{\Sigma_{\mathrm{acc}}^{\mathrm{norm}\,2}} \right\}$, $\Lambda_2 = \rho_1 \mathrm{diag}\left\{ \dfrac{1}{\Sigma_{\mathrm{sus}}^{\mathrm{norm}\,2}}, \right.$ $\left. \dfrac{1}{\Sigma_{\mathrm{sus}}^{\mathrm{norm}\,2}}, \ \dfrac{1}{\Sigma_{\mathrm{sus}}^{\mathrm{norm}\,2}}, \ \dfrac{1}{\Sigma_{\mathrm{sus}}^{\mathrm{norm}\,2}} \right\}$, $\Lambda_3 = \rho_2 \mathrm{diag}\left\{ \dfrac{1}{\Sigma_{\mathrm{rhd}}^{\mathrm{norm}\,2}}, \ \dfrac{1}{\Sigma_{\mathrm{rhd}}^{\mathrm{norm}\,2}}, \ \dfrac{1}{\Sigma_{\mathrm{rhd}}^{\mathrm{norm}\,2}}, \ \dfrac{1}{\Sigma_{\mathrm{rhd}}^{\mathrm{norm}\,2}} \right\}$, $\Sigma_{\mathrm{acc}}^{\mathrm{norm}}$、$\Sigma_{\mathrm{sus}}^{\mathrm{norm}}$ 和 $\Sigma_{\mathrm{rhd}}^{\mathrm{norm}}$ 为 Σ_{acc}、Σ_{sus} 和 Σ_{rhd} 的标称值, $\ddot{x}_s$、$(x_1 - x_u)$ 和 $x_u - z_r$ 的均方根分别记为 Σ_{acc}、Σ_{sus} 和 Σ_{rhd}, 在数值上分别表示乘车舒适性、悬架行程和轮胎动载荷。

据此可得

$$\Sigma^2 = \frac{\Sigma_{\mathrm{acc}}^2}{\Sigma_{\mathrm{acc}}^{\mathrm{norm}\,2}} + \rho_1 \frac{\Sigma_{\mathrm{sus}}^2}{\Sigma_{\mathrm{sus}}^{\mathrm{norm}\,2}} + \rho_2 \frac{\Sigma_{\mathrm{rhd}}^2}{\Sigma_{\mathrm{rhd}}^{\mathrm{norm}\,2}}$$

其中, ρ_1 和 ρ_2 为乘车舒适性、悬架行程和轮胎动载荷之间的权重因子。

1. 次优控制律

与四分之一车辆模型类似, 可以为全车模型导出两个次优控制律。

限幅最优控制律为

$$F_{di} = \begin{cases} F_{di\_\min}, & F_{di}^* < F_{di\_\min} \\ F_{di}^*, & F_{di\_\min} \leqslant F_{di}^* \leqslant F_{di\_\max} \\ F_{di\_\max}, & F_{di}^* > F_{di\_\max} \end{cases} \tag{4.32}$$

其中, i 表示 fr、fl、rr、rl。

$$F_{di\_\min} = (c_{\min} - c_{v0i}) |\dot{x}_{1i} - \dot{x}_{ui}|$$

$$F_{di\_\max} = (c_{\max} - c_{v0i}) |\dot{x}_{1i} - \dot{x}_{ui}|$$

$$F_d^* = -R^{-1} \left(B^{\mathrm{T}} P + N^{\mathrm{T}} \right) x \tag{4.33}$$

其中, P 为代数黎卡提方程的解, 即

$$A^P + PA - (PB + N) R^{-1} (B^{\mathrm{T}} P + N^{\mathrm{T}}) + Q = 0$$

可以使用式 (4.32) 导出最陡梯度控制律。不同之处在于, 式 (4.33) 中的 P 矩阵是通过求解 Lyapunov 函数 $A^{\mathrm{T}} P + PA = -Q$ 得出的。

2. 全车模型仿真

仿真采用文献 [38] 中的参数，即 $m_s = 1600$ kg、$I_\theta = 1000$ kgm^2、$I_\phi = 450$ kgm^2、$t_f = 0.75$ m、$t_r = 0.75$ m、$l_f = 1.15$ m、$l_r = 1.35$ m、$m_f = 50$ kg、$m_r = 50$ kg、$k_{tf} = 250$ kN/m、$k_{tr} = 250$ kN/m。车辆前进速度 V 假设为 30 m/s，半主动阻尼的标称值选择为 $c_{v0i} = 1500$ N·s/m，i 分别表示 fr、fl、rr、rl，半主动阻尼系数的界限选择为 $c_{\min} = 0$ N·s/m 和 $c_{\max} = 3000$ N·s/m。由于在四分之一车辆模型中对 ρ_1 和 ρ_2 的不同选择获得了类似的结果，因此在全车模型仿真中选择 $\rho_1 = 0.5$ 和 $\rho_2 = 1$。使用平均道路（C 类道路），仿真时间为 20 s。式 (4.31) 中的 Ξ 选取为 diag$\{10^{-6}, 10^{-6}, 10^{-6}, 10^{-6}\}$。选取开环系统的相应值为标准化值，即 $\Sigma_{\mathrm{acc}}^{\mathrm{norm}} = 1.3837$、$\Sigma_{\mathrm{sus}}^{\mathrm{norm}} = 0.0137$、$\Sigma_{\mathrm{rhd}}^{\mathrm{norm}} = 0.0060$。

在四分之一车辆模型仿真中，大部分静态刚度 C7 总是退化到 C6，而 C6 由于使用额外的弹簧表现略好于 C5。因此，在全车的情况下，考虑并联结构 C2 和串联结构 C6，将其与传统悬架 C1 进行比较。首先，通过使用 Nelder-Mead 单纯形法获得每个角落处无源部分的最优参数。与四分之一车辆模型类似，我们获得一组关于不同静态刚度的最优参数，并在表 4.3 中列出。

表 4.3　全车模型当 $k_f = k_r = 80$ kN/m 时无源部分的参数

C1	C2	C6
$c_{fr} = c_{fl} = 1.92$kN·s/m	$c_{fr} = c_{fl} = 1.81$kN·s/m	$c_{fr} = c_{fl} = 2.31$kN·s/m
$c_{rr} = c_{rl} = 1.34$kN·s/m	$c_{rr} = c_{rl} = 1.11$kN·s/m	$c_{rr} = c_{rl} = 1.52$kN·s/m
—	$b_{fr} = b_{fl} = 20.99$kg	$b_{fr} = b_{fl} = 176.14$kg
—	$b_{rr} = b_{rl} = 19.32$kg	$b_{rr} = b_{rl} = 93.46$kg
—	—	$k_{1fr} = k_{1fl} = 20.20$kN/m
—	—	$k_{1rr} = k_{1rl} = 10.24$kN/m
—	—	$k_{2fr} = k_{2fl} = 3.90$kN/m
—	—	$k_{2rr} = k_{2rl} = 1.80$kN/m

在每个角落配备半主动阻尼器，按照次优控制律进行控制。如图 4.11 和图 4.12 所示，仿真结果证实了四分之一车辆模型仿真中的结果，即提出的具有惯容的半主动悬架与传统的半主动悬架 C1 相比确实可以提高整体性能。图 4.11 显示了近 7% 的改进，并且通过串联放置的结构 C6 可以提高乘坐舒适性和轮胎动载荷性能。如图 4.13 所示，正数表示最陡梯度控制优于限幅最优控制，负数表示限幅最优控制优于最陡梯度控制。对于全车模型，除了高静态刚度处的 C2 外，限幅最优控制始终比最陡梯度控制更好，这与四分之一车辆模型仿真不同。这证实了这些次优控制律的性能在很大程度上取决于所选参数的结论 [92]。

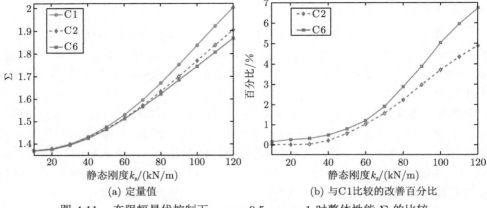

图 4.11　在限幅最优控制下，$\rho_1 = 0.5$、$\rho_2 = 1$ 时整体性能 Σ 的比较

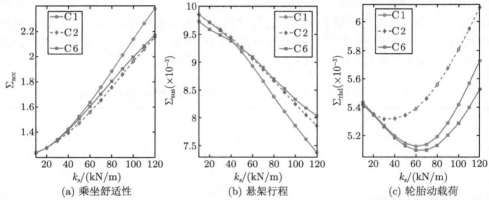

图 4.12　在限幅最优控制下，$\rho_1 = 0.5$、$\rho_2 = 1$ 时乘坐舒适性、悬架行程和轮胎动载荷的比较

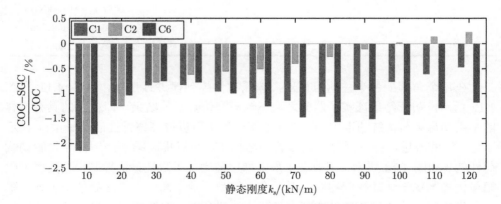

图 4.13　最陡梯度控制和限幅最优控制之间的比较

4.3 无源部分为低阶导纳机械网络的半主动悬架性能分析

本节对 4.1.2 节无源部分为低阶导纳机械网络的悬架性能进行分析, 分别基于四分之一车辆模型和全车模型数值分析半主动悬架性能。

整体半主动悬架分为两步构建。

(1) 设计无源部分, 将无源部分视为一个具有低阶导纳的黑箱。本章主要考虑一阶、二阶和三阶导纳函数情况, 经参数优化后, 利用网络综合法获得具体的机械网络, 将该网络作为无源部分。

(2) 将无源部分和半主动阻尼器组合构建一个半主动悬架, 其中半主动阻尼器采用 4.1.3 节所示的次优控制律控制。

两种次优控制律最陡梯度控制和限幅最优控制系统性能各有特点, 但整体性能相差不大, 因此本节仅采用最陡梯度控制作为半主动阻尼器的控制律。

4.3.1 基于四分之一车辆模型仿真

本节采用四分之一车辆模型验证所提方法的有效性。车辆参数和选取的性能指标与 4.2.1 节相同。为简化分析, 本节性能指标中的权重因子取 $\rho_1 = 0.5$、$\rho_2 = 0.5$。这种选择倾向于提升乘车舒适性 (相对于悬架行程和轮胎动载荷性能)。

1. 无源部分优化结果

本节考虑的低阶导纳函数包括一阶、二阶和三阶导纳函数如式 (4.9)、式 (4.10) 和式 (4.11) 所示。优化这些低阶导纳函数系数, 使性能指标 (4.8) 在 F_d 为 0 时最小, 从而得到最优的导纳函数系数。综合考虑 3.1.1 节中一阶、二阶和三阶导纳函数正实性判据, 形成非线性优化问题, 并用 MATLAB 优化工具箱进行求解。对于一阶导纳情形, 采用 Nelder-Mead 单纯形法求解; 对于二阶、三阶导纳问题, 采用 patternsearch 求解器处理有约束的优化问题。由于这些优化问题的非线性和非凸性, 本节方法得到的结果可能为局部最优解。为逼近全局最优, 可采用随机初始值的方式进行大量的反复优化计算, 最终选取最优值。通过优化计算, 得到的无源部分低阶导纳最优结果如表 4.4 所示。

MATLAB 求解器 patternsearch 的功能是使用模式搜索查找函数的最小值, 它的调用格式为

$$x = \text{patternsearch}(\text{fun}, \text{x0}, \text{A}, \text{b}, \text{Aeq}, \text{beq}, \text{lb}, \text{ub}, \text{nonlcon}, \text{options})$$

其中, 只有 fun 和 x0 是必填参数, 其余均为选填参数; x 为句柄函数 fun 取得极小值时自变量的值; x0 是一个实向量, 表示搜索算法的起始点; A 和 b 代表一个线性不等式约束, 即 $\text{Ax} \leqslant \text{b}$; Aeq 和 beq 代表一个线性等式约束条件, 即

Aeq · x = beq；lb 和 ub 分别表示 x 的下限和上限，即 lb ⩽ x ⩽ ub；nonlcon 为非线性不等式 (c(x) ⩽ 0)、等式 (ceq(x) = 0) 约束函数的句柄；options 为求解器 patternsearch(···) 中的优化选项。

调用范例如下。

首先创建一个文件名为 psobj.m 的函数文件，其中 function y = psobj(x)，y = exp(−x(1)^2−x(2)^2)*(1+4*x(1)+5*x(2)+11*x(1)*cos(x(2)))。将该函数文件的句柄幅值给变量 fun，即 fun = @psobj；。将初始点设为 (0,0)，即 x0 = [0,0]；。然后调用求解器 patternsearch 搜索函数的最小值，即 x = patternsearch(fun, x0)。搜索结果为 x = (−0.7114, −0.1746)。

$$W_{1st}(s) = \frac{3440s}{s + 15.85} = \frac{1}{\dfrac{1}{3440} + \dfrac{1}{217.03s}} \tag{4.34}$$

$$W_{2nd}(s) = \frac{24.46s^2 + 2948.91s}{s + 12.03} = 24.46s + \frac{1}{\dfrac{1}{2654.55} + \dfrac{1}{220.66s}} \tag{4.35}$$

$$W_{3rd}(s) = \frac{146.44s(43.27s^2 + 2335.50s + 41999.28)}{189.71s^2 + 2335.50s + 41999.28}$$

$$= \frac{1}{\dfrac{1}{146.44s} + \dfrac{1}{43.27s + 2335.50 + \dfrac{41999.28}{s}}} \tag{4.36}$$

表 4.4　无源部分低阶导纳最优结果

阶数	$J_{passive}$	导纳	结构图
一阶	8885.56	式 (4.34)	图 4.14
二阶	8657.93	式 (4.35)	图 4.15
三阶	8302.11	式 (4.36)	图 4.16

2. 仿真结果

在得到如图 4.14~图 4.16 所示的最优无源部分后，通过结合半主动部分，构造三个半主动悬架结构。图 4.14 中，$b = 217.03$kg、$c = 3440$N·s/m。图 4.15 中，$b_1 = 24.46$kg、$b_2 = 220.66$kg、$c = 2654.55$N·s/m，图 4.16 中，$b_2 = 146.44$kg、$b_1 = 43.27$kg、$c_1 = 2335.50$N·s/m、$k_1 = 42.00$kN/m。半主动部分的半主动阻尼器采用"最陡梯度控制"控制。传统的半主动悬架的无源部分由弹簧和阻尼器并联构成，通过优化可以得到最优阻尼比为 2.10kN·s/m。该悬架结构用于对比。仿真时间设置为 20s 来计算性能指标 Σ、Σ_{acc}、Σ_{sus} 和 Σ_{rhd}。图 4.17 和图 4.18 展示了在车辆前进速度为 30m/s 时，不同路况下半主动悬架性能对比结果。C1、1st、

2nd 和 3rd 分别表示传统的半主动悬架、无源部分为一阶、二阶和三阶导纳的半主动悬架。

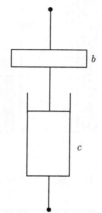

图 4.14　最优一阶导纳实现的结构

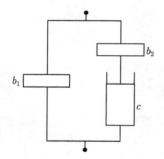

图 4.15　最优二阶导纳实现的结构

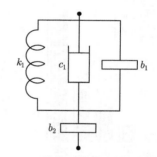

图 4.16　最优三阶导纳的实现结构

由图 4.17 可知，所有无源部分为低阶导纳的悬架结构都比传统的半主动结构具有更好的性能，对所有考虑的路况至少改善 10%。结果表明，无源部分具有高阶导纳函数的半主动悬架的性能总是优于低阶导纳的半主动悬架。由于导纳阶次的增大在一定范围内总可以提升系统性能[52]，因此对于半主动悬架，改进无源部分可以提高半主动系统的整体性能。图 4.18 详细地比较了舒适性、悬架行程和轮胎动载荷三方面的性能。可以发现，舒适性改善比较明显，但是悬架行程和轮胎动载荷性能有不同程度的下降。这与性能指标中选取的权重因子有关。

此外，图 4.19 和图 4.20 对比了不同车速下半主动悬架的性能。图中 C1、1st、2nd 和 3rd 分别表示传统的半主动悬架、无源部分为一阶、二阶和三阶导纳的半主动悬架。图中路况选取的是平均路况（C 类道路）。结果表明，每一种结构性能对车速 V 的变化并不敏感。这意味着，在 $V = 30\text{m/s}$ 的情况下，结构参数对其他车速情形也具有类似的最优性能。

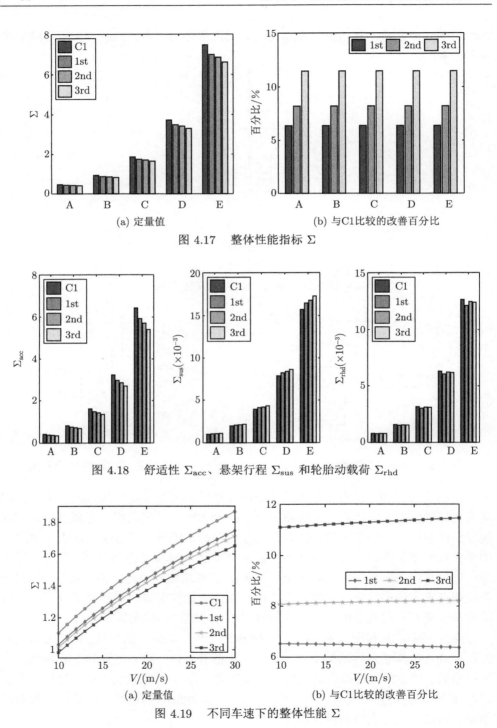

(a) 定量值　　　　　　　　　　　　　　(b) 与C1比较的改善百分比

图 4.17　整体性能指标 Σ

图 4.18　舒适性 Σ_{acc}、悬架行程 Σ_{sus} 和轮胎动载荷 Σ_{rhd}

(a) 定量值　　　　　　　　　　　　　　(b) 与C1比较的改善百分比

图 4.19　不同车速下的整体性能 Σ

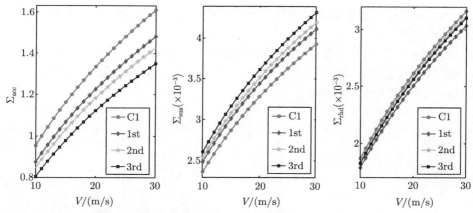

图 4.20 不同车速下的乘车舒适性能 Σ_{acc}、悬架行程 Σ_{sus} 和轮胎动载荷 Σ_{rhd}

4.3.2 基于全车模型的仿真

本节选用与 4.2.2 节相同的全车模型、参数,以及次优控制律。不同之处在于,无源部分的设计方法不同,本节考虑无源部分为低阶导纳函数的无源机械网络,采用网络综合法得到具体的无源部分。为简化分析,半主动控制律选用最陡梯度控制作为半主动阻尼器的控制律。经过类似于 4.3.1 节的优化方式,得到的整车模型无源部分参数如表 4.5 所示。前后结构分别记为 f 和 r。

表 4.5 整车模型无源部分参数

传统 (C1)	$c_f = 1922.72$ N·s/m
	$c_r = 1347.26$ N·s/m
一阶 (图 4.14)	$b_f = 223.53$ kg
	$c_f = 2784.89$ N·s/m
	$b_r = 117.09$ kg
	$c_r = 1716.33$ N·s/m
二阶 (图 4.15)	$b_{1f} = 12.73$ kg
	$b_{2f} = 238.87$ kg
	$c_f = 2469.78$ N·s/m
	$b_{1r} = 14.90$ kg
	$b_{2r} = 120.95$ kg
三阶 (图 4.16)	$c_r = 1089.56$ N·s/m
	$b_{1f} = 19.96$ kg
	$c_{1f} = 2234.28$ N·s/m
	$k_{1f} = 31.92$ kN/m
	$b_{2f} = 153.84$ kg
	$b_{1r} = 22.47$ kg
	$c_{1r} = 1361.34$ N·s/m
	$k_{1r} = 26.47$ kN/m
	$b_{2r} = 81.42$ kg

半主动阻尼使用的是最陡梯度控制。无源部分采用弹簧和阻尼并联的传统半主动惯容，记为 C1。

图 4.21 和图 4.22 展示了在车辆前进速度 $V = 30\text{m/s}$ 时，不同路况下（A~E）推导得出的半主动悬架的比较情况，图中 C1、1st、2nd 和 3rd 为传统的半主动悬架、一阶、二阶和三阶导纳。

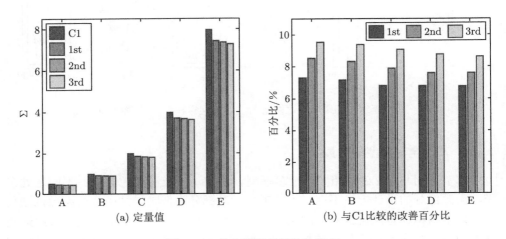

图 4.21　整车模型的整体性能 Σ

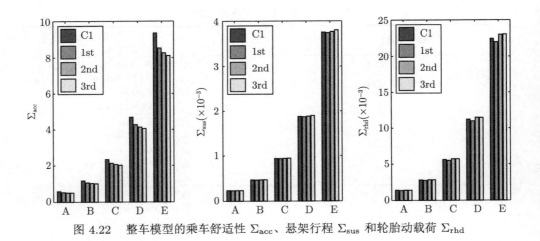

图 4.22　整车模型的乘车舒适性 Σ_{acc}、悬架行程 Σ_{sus} 和轮胎动载荷 Σ_{rhd}

与四分之一车辆模型类似，本章获得的半主动结构得到的性能均比传统的半主动结构要好，如图 4.21 所示。无源部分为高阶导纳的半主动悬架要比低阶的性能好。文献 [52] 证明了可以通过高阶导纳改善无源部分的性能。本章的主要结论已经得到证明，即改善无源部分的性能能有效改善半主动悬架的整体性能。图4.22 对乘车舒适性、悬架行程和轮胎动载荷方面进行了比较。

另外，图 4.23 和图 4.24 展示在平均路况（C 类路况）下，不同车辆前进速度下半主动悬架性能的评估，结果表明每一种结构性能改善的百分比对速度 V 的变化并不敏感。这也表明，$V = 30\text{m/s}$ 情况下推导得出的结构也适用于其他车速，进一步证实了 4.3.1 节基于四分之一车辆模型仿真中的结果。

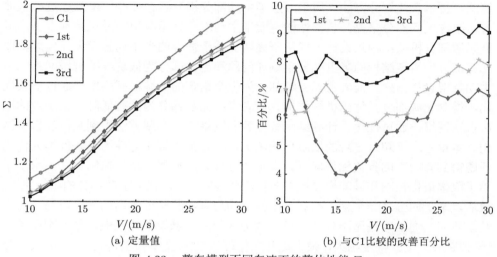

(a) 定量值　　　　　　(b) 与C1比较的改善百分比

图 4.23　整车模型不同车速下的整体性能 Σ

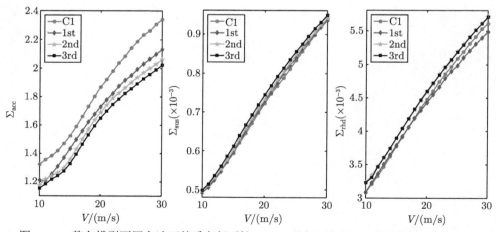

图 4.24　整车模型不同车速下的乘车舒适性 Σ_{acc}、悬架行程 Σ_{sus} 和轮胎动载荷 Σ_{rhd}

4.4　小　　结

本章研究惯容在半主动悬架中的应用问题，提出将整个半主动悬架划分为无源部分和半主动部分，通过改进无源部分的性能达到提升半主动悬架整体性能的设计思路。其中，无源部分为惯容、弹簧、阻尼器组成的无源机械网络，半主动部分为半主动阻尼器。传统的半主动悬架系统设计大多探讨半主动阻尼器的控制算法，按本章的划分方法，属于改进半主动部分提升悬架性能。本章通过引入惯容，改进无源部分来提升悬架性能，而半主动部分采用典型的最优控制方法。根据无源部分机械结构的设计方式，研究两类基于惯容的半主动悬架设计问题，即无源部分为给定结构的半主动悬架设计问题和无源部分为低阶导纳机械网络的半主动悬架设计问题。前者考虑无源部分为七个给定的无源机械网络，通过参数优化，得到无源部分具体的机械结构。后者考虑无源部分为具有低阶导纳函数的无源机械网络，通过优化设计导纳函数参数和网络综合实现方法得到具体的机械结构。本章考虑不超过三阶的低阶导纳函数，将导纳函数无源性约束条件纳入优化问题得到有约束的参数优化问题。半主动部分采用典型的最优控制算法，特别采用了限幅最优控制和最陡梯度控制两种次优控制律，控制半主动部分的阻尼系数。最后，基于四分之一车辆模型和全车模型的仿真实验验证提出的设计思路。仿真结果表明，通过改进无源部分，可有效提升半主动悬架整体性能，悬架刚度越大（悬架越硬）提升幅度越大，最大提升幅度可达 7%（全车模型仿真）～ 10%（四分之一车辆模型仿真）。

第 5 章　基于半主动惯容的半主动悬架系统设计

第 2~4 章研究了惯容在无源悬架和半主动悬架系统中的设计和应用问题，采用的惯容均为无源惯容，即惯容的参数在系统运行过程中是固定不变的，不能根据外部环境和自身状态的变化而随之变化。这无疑限制了悬架系统性能。本章研究惯容量可在线控制的半主动惯容在悬架系统中应用的问题。我们首次提出半主动惯容 [33] 概念，并研究基于半主动惯容的悬架系统设计问题，提出一类基于主动力跟踪的控制方法 [94]。然后，分析传统的无源惯容实现特点，指出实现半主动惯容的一般方法，即在线控制飞轮转动惯量和在线控制传动比两种基本方式，提出基于在线控制飞轮转动惯量的实现方案，并进行实验验证 [35]。我们将惯容量可在线控制（调节）的惯容从能耗角度定义为半主动惯容（semi-active）。值得注意的是，虽然文献 [95] 也提到 semi-active inerter 这一词汇，但其研究的问题是基于无源惯容的机械网络与半主动阻尼器构成的半主动悬架系统，惯容并非半主动的。另外，其他学者也提出相似的惯容器件，如自适应惯容（adaptive inerter）[96]、可变惯容量惯容（inerter which enables changes of inertance）[97,98]、可重置惯容（resettable-inertance inerter）[99]、离合惯容（clutched inerter）[100–102] 等。这些器件虽然名称和实现方案不同，但从能耗角度均属于半主动惯容范畴。在物理实现方案方面，文献 [96] 提出自适应惯容的概念；文献 [97], [98] 采用类似 CVT 变速箱的传动装置实现可变惯容量惯容；文献 [99] 从实现的半主动惯容装置是否无源的角度，提出无源的可重置惯容，并给出采用离合和减速装置的实现方案；文献 [100] ~ [102] 采用棘轮等离合装置实现离合惯容。按照文献 [35] 中实现半主动惯容的划分方式，可变惯容量惯容、可重置惯容、离合惯容均属于第二类实现方案，即在线控制传动比的方式。

半主动惯容可以看作一个机械概念，就像文献 [1] 中的无源惯容一样。半主动惯容的物理实现是半主动惯容研究的重要内容之一，但另一个同样重要的问题是说明引入半主动惯容的必要性。这正是本章的重点。本章提出一种基于半主动惯容和半主动阻尼器的半主动悬架主动力跟踪控制策略。这种主动力跟踪策略由两部分组成，首先给出目标主动控制律，然后通过控制使用的半主动惯容的惯容量和半主动阻尼器的阻尼系数，在线跟踪目标主动控制律。文献 [33] 对基于四分之一车模型对力跟踪策略进行了初步研究。本章考虑四分之一车辆模型和全车模型。其中使用四分之一车辆模型是由于其具有简单性和指示基本属性的能力，而更实用的全车模型被用于进一步确认四分之一汽车模型模拟的结果。仿真结果表明，具有半主动惯容和半主动阻尼器的半主动悬架可以比传统的结构（仅包含半主动阻尼器）更接近主动力，从而获得更好的性能。

5.1　面向控制的半主动惯容模型

与半主动阻尼器类似，半主动惯容可视为具有两个输入和一个输出的系统。两个输入分别为两端的相对加速度 $\ddot{x}_r$ 和用于控制惯容量变化的指令信号，如电流、电压信号等，输出为系统传递的力 F。另外，相对加速度 $\ddot{x}_r$ 是驱动输入，即在 $\ddot{x}_r = 0$ 的情况下，无论调整惯容量的指令信号是什么，系统传递的力总为 0。与半主动阻尼器[62]类似，半主动惯容也可以视为一个电气子系统和机械子系统构成的系统。电气子系统将调整惯容量的指令信号转换为进行惯容量调整的物理信号，机械子系统将物理信号转换为惯容量的变化。半主动惯容装置的系统框图如图 5.1 所示。参照文献 [62] 中半主动阻尼器的分析方法，一个面向控制的一阶简化半主动惯容模型可表示为

$$\begin{cases} F = b\ddot{x}_r \\ \dot{b} = -\beta_b b + \beta_b b_{in} \end{cases} \tag{5.1}$$

其中，b 为实际的惯容量；b_{in} 为期望的惯容量；β_b 为半主动惯容的调节带宽。

传统的半主动悬架主要依靠半主动阻尼器，如磁流变阻尼器等。文献 [62] 中半主动阻尼器的一阶模型为

$$\begin{cases} F = c\dot{x}_r \\ \dot{c} = -\beta_c c + \beta_c c_{in} \end{cases} \tag{5.2}$$

其中，c 和 c_{in} 为实际的阻尼系数和期望的阻尼系数；β_c 为半主动阻尼器的调节带宽。

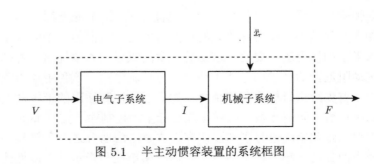

图 5.1　半主动惯容装置的系统框图

5.2 反状态空间结构和状态导数反馈控制

一般而言，对于一个振动系统，状态空间（state space，SS）模型可表示为

$$\dot{x} = Ax + Bu \tag{5.3}$$

其中，x 为状态变量；u 为控制输入变量。

如果采用全状态反馈控制，则控制输入 u 可以写为

$$u = -K_{SS}x \tag{5.4}$$

状态变量 x 中只有位移和速度信息。如果在反馈控制器设计中需要加速度信息，则通常使用微分，这会导致噪声放大。由于状态导数 $\dot{x}$ 包含加速度信息，因此可以采用状态导数作为反馈变量，在控制器设计中直接使用加速度信息。因此，引入文献 [103]，[104] 提出的状态导数反馈结构，即反状态空间（reciprocal state space，RSS）结构，设计状态导数反馈控制器，即

$$x = G\dot{x} + Hu \tag{5.5}$$
$$u = -K\dot{x} \tag{5.6}$$

其中，$G = A^{-1}$；$H = -A^{-1}B$。

在 RSS 结构下，定义性能指标表达式为

$$J = \int_0^\infty (\dot{x}^{\mathrm{T}}Q\dot{x} + 2\dot{x}^{\mathrm{T}}Nu + u^{\mathrm{T}}Ru)\mathrm{d}t \tag{5.7}$$

其中，Q 为非负定对称矩阵；R 为正定对称矩阵。

$$\begin{bmatrix} Q & N \\ N^{\mathrm{T}} & R \end{bmatrix} \geqslant 0 \tag{5.8}$$

式 (5.6) 中的全态导数反馈增益矩阵 K 使式 (5.7) 最小时的取值为

$$K = R^{-1}(H^{\mathrm{T}}P + N^{\mathrm{T}}) \tag{5.9}$$

其中，P 从下式得到，即

$$(G - HR^{-1}N^{\mathrm{T}})^{\mathrm{T}}P + P(G - HR^{-1}N^{\mathrm{T}})$$
$$- PHR^{-1}H^{\mathrm{T}}P + Q - NR^{-1}N^{\mathrm{T}} = 0 \tag{5.10}$$

通过考虑式 (5.7) 中相同的性能指标,我们可在 RSS 结构和 SS 结构中得到相同的,不失一般性的控制律,同时还能保持 RSS 结构直接使用加速度信息的优点 [33]。

① 在设计反馈控制器时可以直接引入加速度信息,避免 SS 结构中使用微分计算加速度信息引起的噪声。

② 簧载质量和非簧载质量的加速度信息比位置信息更容易测量,也没有累计误差,因此使用 RSS 结构能减少状态估计引入的误差。同时,通过卡尔曼滤波等技术,也能很方便地使用加速度信息估计速度和悬架控制力。

5.3　基于主动力跟踪策略的半主动悬架

本节研究含有一个半主动惯容和一个半主动阻尼器的半主动悬架控制律设计问题,考虑在 RSS 结构下给出一种控制方法。该方法的基本思路是通过在线调节半主动惯容量和半主动阻尼系数,跟踪一个在 RSS 结构内设计的主动控制律,使半主动惯容和半主动阻尼器产生的半主动力趋近于主动控制律,因此这是一种主动力跟踪的控制方法。该方法可分为两步。

(1) 设计一个目标主动控制律。

(2) 调节半主动阻尼系数和半主动惯容量来跟踪目标主动控制律。

下面以四分之一车辆模型为例说明这两个步骤。

5.3.1　四分之一车辆模型与目标主动控制律

我们采用图 5.2 所示的四分之一车辆模型说明主动力跟踪控制方法。在这个模型中,m_s 和 m_u 为簧载和非簧载质量,k_t 为轮胎刚度,z_s、z_u 和 z_r 分别为簧载质量、非簧载质量和垂直方向道路的位移,u 为悬架的控制力。半主动悬架指的是包含半主动惯容和半主动阻尼器。

主动控制律的动力学方程可表示为

$$\dot{u} = -\beta_a u + \beta_a u_a \tag{5.11}$$

其中,β_a 为标量,表示主动控制律的带宽;u_a 为期望的主动控制力。

半主动悬架的控制力 $u_s(t)$ 可表示为

$$u_s(t) = b_{in}(t)(\ddot{z}_s(t) - \ddot{z}_u(t)) + c_{in}(t)(\dot{z}_s(t) - \dot{z}_u(t)) \tag{5.12}$$

那么,主动力跟踪策略意味着通过调整 b_{in} 和 c_{in} 使 $u_s(t)$ 跟踪 u_a。

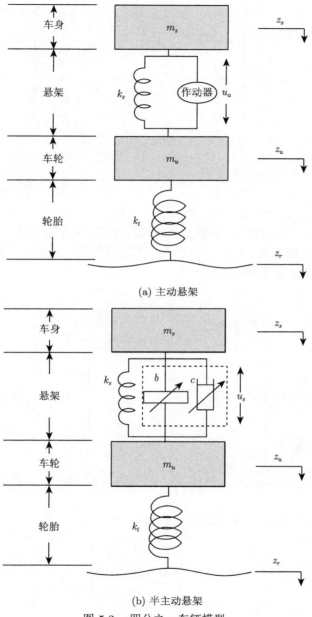

(a) 主动悬架

(b) 半主动悬架

图 5.2　四分之一车辆模型

通过选择状态向量 $x = \{z_s,\ \dot{z}_s,\ z_u,\ \dot{z}_u,\ u\}^{\mathrm{T}}$，易得 RSS 结构模型[33]，即

$$x = G\dot{x} + Hu_{in} + H_r z_r \tag{5.13}$$

$$A = \begin{bmatrix} 0 & 1 & 0 & 0 & 0 \\ -\dfrac{k_s}{m_s} & 0 & \dfrac{k_s}{m_s} & 0 & -\dfrac{1}{m_s} \\ 0 & 0 & 0 & 1 & 0 \\ \dfrac{k_s}{m_u} & 0 & -\dfrac{k_s+k_t}{m_u} & 0 & \dfrac{1}{m_u} \\ 0 & 0 & 0 & 0 & -\beta_a \end{bmatrix}$$

$$B = \begin{bmatrix} 0 & 0 & 0 & 0 & \beta_a \end{bmatrix}^{\mathrm{T}}$$

$$B_r = \begin{bmatrix} 0 & 0 & 0 & \dfrac{k_t}{m_u} & 0 \end{bmatrix}^{\mathrm{T}}$$

其中，$G = A^{-1}$；$H = -A^{-1}B$；$H_r = -A^{-1}B_r$。

对于四分之一车辆模型，簧载质量加速度 ($\ddot{z}_s$)、悬架行程 ($z_s - z_u$) 和轮胎形变 ($z_u - z_r$) 在车辆悬架设计中可分别表征驾驶舒适性、悬架工作空间和轮胎抓地力等性能。因此，定义控制输出 z 为

$$z = \begin{bmatrix} \ddot{z}_s \\ z_s - z_u \\ z_u - z_r \end{bmatrix} = C_z \dot{x} + D_z u_{in} \tag{5.14}$$

其中，$C_z = \begin{bmatrix} 1 & 0 & 0 & 0 & 0 \\ & & G(1,:) - G(3,:) & & \\ 0 & -\dfrac{m_s}{k_t} & 0 & -\dfrac{m_u}{k_t} & 0 \end{bmatrix}$；$D_z = \begin{bmatrix} 0 \\ H(1) - H(3) \\ 0 \end{bmatrix}$。

定义性能指标为

$$J = \int_0^\infty (z^{\mathrm{T}}Q_0 z + u_{in}^{\mathrm{T}} r u_{in})\mathrm{d}t = \int_0^\infty (\dot{x}^{\mathrm{T}}Q\dot{x} + 2\dot{x}^{\mathrm{T}}Nu_{in} + u_{in}^{\mathrm{T}}Ru_{in})\mathrm{d}t \tag{5.15}$$

其中，Q_0 为设计者确定的权重矩阵，即

$$Q_0 = \begin{bmatrix} \rho_1 & 0 & 0 \\ 0 & \rho_2 & 0 \\ 0 & 0 & \rho_3 \end{bmatrix}$$

并且 $Q = C_z^{\mathrm{T}}Q_0 C_z$；$N = C_z^{\mathrm{T}}Q_0 D_z$；$R = D_z^{\mathrm{T}}Q_0 D_z + r$。

对于式 (5.13) 所示的四分之一车辆模型和式 (5.15) 定义的性能指标，采用全状态导数反馈控制得到的目标主动控制律为

$$u_a = -K\dot{x} \tag{5.16}$$

由于悬架控制力 u 的导数不易获得，因此式 (5.16) 中的控制律可重写为

$$u_a = -K_1 \dot{x} - K_2 \dot{u} \tag{5.17}$$

其中，$K = [K_1 \quad K_2]$；$\dot{x} = [\ddot{z}_s \quad \dot{z}_s \quad \ddot{z}_u \quad \dot{z}_u]^{\mathrm{T}}$。

将式 (5.11) 代入式 (5.17) 可得

$$u_a = (1 + K_2\beta_a)^{-1}(-K_1\dot{x} + K_2\beta_a u) \tag{5.18}$$

注意到，$(1 + K_2\beta_a)$ 的逆是始终存在的，具体证明如下。状态导数反馈控制律 (5.17) 可以保证闭环系统渐近稳定。这可通过考察式 (5.8) 并将 $V(x) = x^{\mathrm{T}}Px$ 作为李雅普诺夫函数直接得到，其中 P 是式 (5.10) 的解。闭环系统渐进稳定意味着 $(G - HK)$ 是可逆的，并且所有特征值都具有负实部。由于 A 是可逆的，并且 $(G - HK) = A^{-1}(I + BK)$，其中 I 表示具有适当维数的单位矩阵，那么 $I + BK$ 是可逆的。对于四分之一车辆模型 $B = [0 \ 0 \ 0 \ 0 \ \beta_a]^{\mathrm{T}}$，因此有

$$I + BK = \begin{bmatrix} I_{4\times4} & 0_{4\times1} \\ K_1\beta_a & 1 + K_2\beta_a \end{bmatrix} \tag{5.19}$$

显然，$1 + K_2\beta_a \neq 0$，这意味着 $(1 + K_2\beta_a)$ 的逆始终存在。

现在，目标主动控制律只涉及簧载质量和非簧载质量的加速度和速度，以及悬架的控制力。四分之一汽车模型的半主动控制的控制流程图如图 5.3 所示。通过卡尔曼滤波等[105]，可通过测量到的加速度信息估计速度和悬架控制力信息。

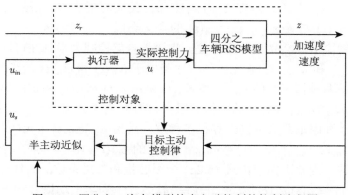

图 5.3 四分之一汽车模型的半主动控制的控制流程图

5.3.2 主动力跟踪策略

主动力跟踪即通过调节半主动惯容量和半主动阻尼系数使半主动控制力跟踪主动控制律，具体可表示为

$$\min_{b_{in}(t),\, c_{in}(t)} |u_s(t) - u_a(t)| \tag{5.20}$$

其中，$b_{\min} \leqslant b_{in}(t) \leqslant b_{\max}$；$c_{\min} \leqslant c_{in}(t) \leqslant c_{\max}$。

注意到，$u_{s\_\max}(t)$ 和 $u_{s\_\min}(t)$ 为半主动悬架在时刻 t 的最大可达力和最小可达力，有 $a(t) = \ddot{z}_s(t) - \ddot{z}_u(t)$ 和 $v(t) = \dot{z}_s(t) - \dot{z}_u(t)$，因此有

$$\begin{cases} u_{s\_\max}(t) = \max_{b_{in}(t),\, c_{in}(t)}\{a(t)b_{in}(t) + v(t)c_{in}(t)\} \\ u_{s\_\min}(t) = \min_{b_{in}(t),\, c_{in}(t)}\{a(t)b_{in}(t) + v(t)c_{in}(t)\} \end{cases} \tag{5.21}$$

因此，可得任意时刻 t 的半主动惯容量和半主动阻尼系数的显式控制律，即

$$\begin{cases} \begin{cases} u_s(t) = u_{s\_\max}(t) \\ b_{in}(t) = \arg_{b_{in}(t)} u_{s\_\max}(t)\,, \quad u_a(t) \geqslant u_{s\_\max}(t) \\ c_{in}(t) = \arg_{c_{in}(t)} u_{s\_\max}(t) \end{cases} \\ \begin{cases} u_s(t) = u_{s\_\min}(t) \\ b_{in}(t) = \arg_{b_{in}(t)} u_{s\_\min}(t)\,, \quad u_a(t) \leqslant u_{s\_\min}(t) \\ c_{in}(t) = \arg_{c_{in}(t)} u_{s\_\min}(t) \end{cases} \\ \begin{cases} u_s(t) = u_a(t) \\ b_{in}(t) \in [b_{\min},\, b_{\max}] \\ c_{in}(t) \in [c_{\min},\, c_{\max}] \\ a(t)b_{in}(t) + v(t)c_{in}(t) = u_a(t) \end{cases}\quad, \quad \text{其他} \end{cases} \tag{5.22}$$

其中，$\arg_{b_{in}(t)} u_{s\_\max}(t)$ 是在 t 时刻使 u_s 最大的惯容量；$\arg_{c_{in}(t)} u_{s\_\max}(t)$、$\arg_{b_{in}(t)} u_{s\_\min}(t)$ 与 $\arg_{c_{in}(t)} u_{s\_\min}(t)$ 的含义类似。

显式控制律 (5.22) 的基本思路是，将最大悬架控制力限制在可达的最大半主动控制力 $u_{s_{\max}}$ 和 $u_{s_{\min}}$ 之间。由于 $u_s(t)$ 是关于 $b_{in}(t)$ 和 $c_{in}(t)$ 的线性函数，因此式 (5.22) 中前两种情况中的 $b_{in}(t)$ 和 $c_{in}(t)$ 是由 $a(t)$ 和 $v(t)$ 决定的惯容量和阻尼系数（$b_{\max}$、$b_{\min}$、$c_{\max}$、$c_{\min}$）的极值的组合。然而，对于式 (5.22) 中的第三种情况，惯容量 $b_{in}(t)$ 和阻尼系数 $c_{in}(t)$ 存在多种解，满足 $a(t)b_{in}(t) + v(t)c_{in}(t) = u_a(t)$ 和 $b_{in}(t) \in [b_{\min},\, b_{\max}]$、$c_{in}(t) \in [c_{\min},\, c_{\max}]$ 的 $c_{in}(t)$。在实际应用中，必须给定一组确切的解，因此下面给出式 (5.22) 中惯容量和阻尼系数的具体计算值。

记 $u_{bin}(t) = a(t)b_{in}(t)$ 和 $u_{cin}(t) = v(t)c_{in}(t)$ 为半主动惯容和半主动阻尼器传递的力，并记半主动惯容和半主动阻尼器可传递的最大和最小为

$$\begin{cases} u_{b\_\max} = \max\{a(t)b_{\max},\, a(t)b_{\min}\} \\ u_{b\_\min} = \min\{a(t)b_{\max},\, a(t)b_{\min}\} \end{cases} \tag{5.23}$$

$$\begin{cases} u_{c\_\max} = \max\{v(t)c_{\max}, v(t)c_{\min}\} \\ u_{c\_\min} = \min\{v(t)c_{\max},\, v(t)c_{\min}\} \end{cases} \tag{5.24}$$

那么式 (5.22) 中的第三种情况下，可按如下计算，即

$$u_{cin}(t) = \frac{1}{2}(\max\{u_{c\_min}, u_a(t) - u_{b\_max}\} + \min\{u_{c\_max}, u_a(t) - u_{b\_min}\}) \quad (5.25)$$

$$u_{bin}(t) = u_a(t) - v(t)c_{in}(t) \quad (5.26)$$

如果 $v(t) \neq 0$ 并且 $a(t) \neq 0$，那么 $c_{in}(t) = u_{cin}(t)/v(t)$ 和 $b_{in}(t) = u_{bin}(t)/a(t)$ 成立。如果 $v(t)$ 或 $a(t)$ 等于零，那么可选取阻尼系数或惯容量分别为其最小值。可以验证，这种选取惯容量和阻尼系数的方法可保证式 (5.22) 成立。

由于反状态空间结构与状态空间结构是等价的，因此如果仅使用半主动阻尼器，即 $b_{in}(t) = 0$ 始终成立，那么控制律 (5.22) 为文献 [91] 中的次优控制律。类似地，如果仅适用半主动惯容，即 $c_{in}(t) = 0$ 始终成立，可通过限制 $u_a(t)$ 在 u_{b_min} 和 u_{b_max} 之间得到这种情况下的次优控制律。

基于是否采用半主动惯容和半主动阻尼器，针对三种情况已经导出三个次优的半主动控制定律。为简洁起见，后续章节用 Semi-ID 悬架、Semi-I 悬架和 Semi-D 悬架表示带有半主动惯容和半主动阻尼器的半主动悬架、仅带半主动惯容的半主动悬架、仅带半主动阻尼器的半主动悬架。半主动悬架方案如表 5.1 所示。

表 5.1　半主动悬架方案

方案	半主动阻尼器	半主动惯容
Semi-ID	含有	含有
Semi-I	不含有	含有
Semi-D	含有	不含有

对比三种半主动悬架最大和最小的可传递力，当最小惯容量 b_{min} 和最小阻尼系数 c_{min} 相对较小（约等于 0）时，在每个时刻 t，通过合理选择 $c_{in}(t)$ 和 $b_{in}(t)$，可得

$$[u_{c\_min}(t), u_{c\_max}(t)] \subseteq [u_{s\_min}(t), u_{s\_max}(t)]$$

$$[u_{b\_min}(t), u_{b\_max}(t)] \subseteq [u_{s\_min}(t), u_{s\_max}(t)] \quad (5.27)$$

这意味着，对于每个时刻，Semi-ID 悬架的悬架力范围涵盖 Semi-D 悬架和 Semi-I 悬架的悬架力范围。因此，Semi-ID 悬架的悬架力相比于 Semi-I 悬架和 Semi-D 悬架可更大限度地跟踪目标主动控制力。从这一角度看，Semi-ID 悬架具有优于另外两类悬架的潜力。这一点在后面通过仿真进行验证。

5.3.3 仿真结果

本节通过基于四分之一车辆模型仿真来说明所提的半主动控制算法的有效性。模型的参数选自文献 [38]，即 $m_s = 250$ kg、$m_u = 35$ kg、$k_t = 150$ kN/m。

悬架的静态刚度选择范围从 $k_s = 10\ \mathrm{kN/m}$ 到 $k_s = 120\ \mathrm{kN/m}$，涵盖轻型乘用车到跑车和重型货车，再到赛车的范围 [38]。

式 (5.15) 中，$\rho_1 = 1$、$\rho_2 = 100$、$\rho_3 = k_t$。权重因子体现各个设计因素间的权重关系，这种参数选取办法试图在舒适性、悬架行程、轮胎动载荷三方面保持相对平衡。性能指标 (5.15) 中的 $r = 1 \times 10^{-6}$。此外，主动控制律、半主动惯容、半主动阻尼器的带宽统一设定为 $\beta = \beta_a = \beta_b = \beta_c = 60\pi\ \mathrm{rad/s}$（30 Hz）。除非另有说明，假设 $c_{\min}$ 和 $b_{\min}$ 为 0。在实际应用中，$c_{\min}$ 和 $b_{\min}$ 不是 0，而是一些小的正数。这里，$c_{\min}$ 和 $b_{\min}$ 选为 0 简化数值模拟中的分析。

1. 时域分析

下面采用两种类型的道路作为输入信号，在时域内对提出的半主动悬架进行仿真。

第一个道路输入是一个具有如下谱密度的随机路面，即

$$\Phi(\Omega) = \Phi(\Omega_0)\left(\frac{\Omega}{\Omega_0}\right)^{-\omega} \tag{5.28}$$

其中，Ω 为波数；$\Phi_0 = \Phi(\Omega_0)$ 为 $\Omega_0 = 1\ \mathrm{rad/m}$ 时的功率谱密度值，单位为 $\mathrm{m^2/(rad/m)}$；ω 为不平整度，大多数道路表面的 $\omega = 2$。

根据国际标准化组织 [86] 的分类方法，基于 Φ_0 值的典型路况被分类为 A~E 类，如表 3.3 所示。文献 [87] 提出采用下述一阶系统实现随机路面，即

$$\dot{z}_r(t) = -\alpha V z_r(t) + w(t) \tag{5.29}$$

其中，假设具有功率谱 $\Psi_w = 2\alpha V \sigma^2$ 的白噪声 $w(t)$ 经过一阶线性滤波器得到随机路面时域信号；V 为车辆前进速度。

线性滤波器中的参数 σ 和 α，与 ISO 标准之间的对应关系如表 3.3 所示 [87]。

对于随机路面扰动，将舒适性 J_{acc}、悬架行程 J_{sws} 和轮胎动载荷 J_{rhd} 性能分别定义为簧载质量加速度 $\ddot{z}_s$、悬架行程 $(z_s - z_u)$ 和轮胎形变 $(z_u - z_r)$ 的均方根值。定义三者综合的性能指标为

$$\mathrm{RM.J} = \sqrt{\frac{1}{T}\int_0^T \rho_1 \ddot{z}_s^2 + \rho_2(z_s - z_u)^2 + \rho_3(z_u - z_r)^2 \mathrm{d}t} \tag{5.30}$$

其中，T 为仿真时间。

为了反映这三种半主动悬架的跟踪能力，定义力跟踪误差 u_e 为

$$u_e = \sqrt{\frac{1}{T}\int_0^T (u_s - u_a)^2 \mathrm{d}t} \tag{5.31}$$

本章选用的仿真时间为 20 s，$c_{max} = 3000$ N·s/m、$b_{max} = 100$ kg。图 5.4 所示为在不同悬架静态刚度下，基于 B 级路面的仿真结果，其中 RM.J 为 Active 代表主动控制的表现；圆形、菱形和三角形分别表示 Semi-ID 悬架在带宽为 5 Hz、10 Hz 和 30 Hz 的仿真结果；半主动阻尼器的带宽均为 30 Hz，Semi-I 悬架的半主动惯容带宽为 30 Hz。可以看出，Semi-ID 悬架的性能整体优于 Semi-D 悬架（图 5.4(a)）。与 Semi-D 悬架相比，Semi-ID 可提供最大 30% 的性能提升（图 5.4(b)）。图 5.4(a) 表明，虽然控制带宽降低会降低整体性能，但在带宽为 5 Hz 情况下依然可以得到超过 20% 的性能提升。这表明，引入半主动惯容提升悬架性能的优势。另一个观察到的现象是，半主动惯容在悬架刚度较大时性能提升更加明显。表 5.2 给出了基于 B 类和 D 类路况在 $k_s = 60$ kN/m 时的详细结果。可以看出，与 Semi-D 悬架相比，Semi-ID 悬架的力跟踪误差大大降低。这与之前的分析一致，即半主动惯容有助于提高半主动悬架的跟踪能力。

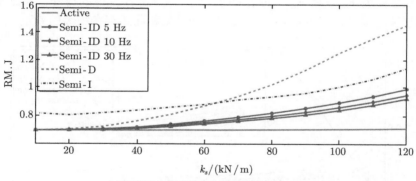

(a) 不同静态刚度和带宽的整体性能RM.J对比情况

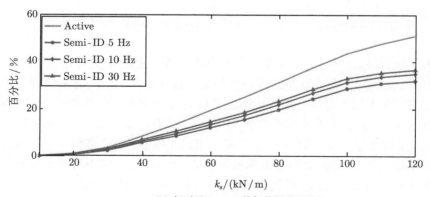

(b) 相对于Semi-D悬架的提升百分比

图 5.4 基于 B 级路面，不同悬架静态刚度的综合性能指标

表 5.2　$k_s = 60$ kN/m 时随机路况的仿真结果

路况	性能表现	主动量	Semi-ID	Semi-D	Semi-I	提升/%
B 级路况	整体表现 RM.J $(\times 10^{-1})$	6.97	7.40	8.66	8.77	14.55
	RMS $(\ddot{z}_s J_{\mathrm{acc}})/(\mathrm{m/s}^2)$	0.43	0.48	0.66	0.54	27.27
	RMS $((z_s - z_u) J_{\mathrm{sws}})/\mathrm{mm}$	2.82	2.89	2.93	3.39	1.37
	RMS $((z_u - z_r) J_{\mathrm{rhd}})/\mathrm{mm}$	1.42	1.45	1.46	1.78	0.68
	RMS $(u_e)/\mathrm{N}$	0	84.96	121.16	137.05	29.88
D 级路况	整体表现 RM.J	2.79	2.96	3.46	3.51	14.45
	RMS $(\ddot{z}_s J_{\mathrm{acc}})/(\mathrm{m/s}^2)$	1.71	1.92	2.62	2.16	26.72
	RMS $((z_s - z_u) J_{\mathrm{sws}})/\mathrm{cm}$	1.13	1.15	1.17	1.36	1.71
	RMS $((z_u - z_r) J_{\mathrm{rhd}})/\mathrm{mm}$	5.68	5.80	5.84	7.12	0.68
	RMS $(u_e)/\mathrm{N}$	0	339.85	484.63	548.18	29.87

　　为了研究最大惯容量 $b_{\max}$ 和阻尼系数 $c_{\max}$ 对 Semi-ID 悬架性能的影响, 我们研究在不同 $b_{\max}$ 和 $c_{\max}$ 情形下的悬架性能。图 5.5 表明, 综合性能指标 J 和力跟踪误差随着 $b_{\max}$ 和 $c_{\max}$ 的增加而降低, 表明系统性能的提升。虽然系统性能得到显著的提升, 但 Semi-ID 悬架与主动悬架相比还存在很大的差距。

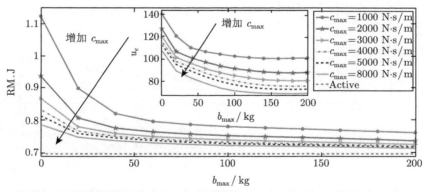

图 5.5　不同的 $c_{\max}$ 和 $b_{\max}$ 总体性能 RM.J 对比和 RMS 力跟踪误差 u_e

　　为了分析 $b_{\max}$ 和 $c_{\max}$ 影响性能的相对关系, 我们研究每增加 10 kg $b_{\max}$ 和 100 N·s/m $c_{\max}$ 系统性能的提升百分比。这样选择是因为通常惯容量和阻尼系数的值存在不同的量级。图 5.6 给出了仿真对比结果, 其中定义 ΔRM.J 为增加 100 N·s/m $c_{\max}$ 的性能减去增加 10 kg $b_{\max}$ 的性能。ΔRM.J > 0 表示增加 10 kg $b_{\max}$ 比增加 100 N·s/m $c_{\max}$ 可提高 RM.J 性能, 反之亦然。由于 RM.J 性能越小越好, 因此 ΔRM.J > 0 意味着增加 10 kg 的 $b_{\max}$ 对 RM.J 的提升幅度大于增加 100 N·s/m 的 $c_{\max}$ 性能增加幅度, 反之亦然。如图 5.5 所示, $b_{\max}$ 比较小时, 增加 10 kg 的 $b_{\max}$ 比增加 100 N·s/m 的 $c_{\max}$ 更能有效提高 RM.J 性能; 对于较小的 $c_{\max}$ 和较大的 $b_{\max}$, 增加 100 N·s/m 的 $c_{\max}$ 提升 RM.J 性能的效

率超过增加 10 kg 的 $b_{\max}$。此外，如果 $b_{\max}$ 和 $c_{\max}$ 都很小，增加 10 kg 的 $b_{\max}$ 就会更有效果；如果 $b_{\max}$ 和 $c_{\max}$ 都很大，增加 10 kg 的 $b_{\max}$ 可以提供与增加 100 N·s/m 的 $c_{\max}$ 大致相同的改进。

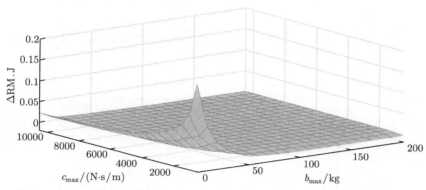

图 5.6 RM.J 性能在增加 10 kg $b_{\max}$ 和增加 100 N·s/m $c_{\max}$ 之间的对比

为了进一步说明 Semi-ID 悬架的跟踪能力，本章采用文献 [106] 中时域路面信号进一步分析，即

$$z_r(t) = \begin{cases} \dfrac{c}{2}[1 - \cos 20\pi(t - 0.1)], & t \in [0.1,\ 0.2] \\ 0, & \text{其他} \end{cases} \tag{5.32}$$

其中，c 和 t 为道路凸起点的高度和时间，$c = 0.1$ m。

对于上述路面的仿真，选择半主动阻尼器和半主动惯容的参数为 $c_{\min} = 0$ N·s/m、$c_{\max} = 3000$ N·s/m、$b_{\min} = 0$ kg、$b_{\max} = 100$ kg 和 $k_s = 60$ kN/m。仿真结果如图 5.7 所示，其中 Active 代表主动控制的表现；Semi-ID 表示 Semi-ID 悬架的仿真结果；Semi-D 表示 Semi-D 悬架的仿真结果；Semi-I 表示 Semi-I 悬架的仿真结果。可以看出，Semi-ID 悬架的曲线更加接近主动悬架，明显好于其他类型的半主动悬架。特别是，Semi-ID 悬架更好地逼近主动控制力。Semi-I 悬架由于仅采用

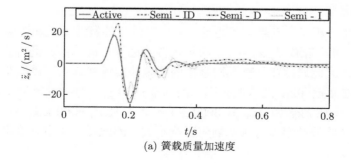

(a) 簧载质量加速度

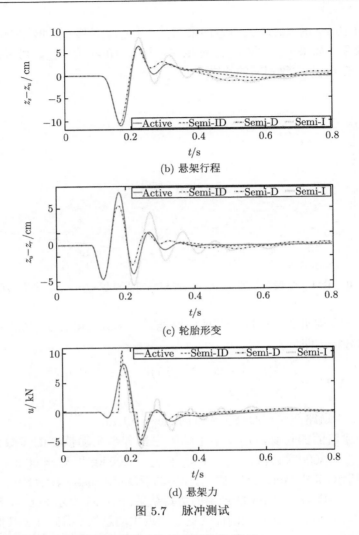

(b) 悬架行程

(c) 轮胎形变

(d) 悬架力

图 5.7   脉冲测试

半主动惯容，没有阻尼元件消耗能量，因此性能最差。

2. 频域分析

为进一步分析半主动惯容的性能，我们对悬架的簧载质量加速度 $\ddot{z}_s$、悬架行程 $(z_s - z_u)$ 和轮胎形变 $(z_u - z_r)$ 的频域特性进行分析。由于提出的半主动悬架是非线性的，因此通过在具有不同频率的正弦曲线道路输入下模拟车辆来近似频率响应。根据文献 [62]，选取的频率范围为 $0 \sim 30$ Hz。惯容量和阻尼系数的上限选取为 $b_{\max} = 100$ kg 和 $c_{\max} = 3000$ N·s/m，并且 $k_s = 60$ kN/m。仿真结果表明，输入正弦信号的幅值对频率响应影响不大，因此图 5.8 中只给出输入幅值为 1 cm 的结果。

图 5.8 表明，与 Semi-D 悬架相比，Semi-ID 悬架可以减小第一个固有频率（簧载质量频率）附近的幅度。这意味着，舒适性、悬架行程和轮胎动载荷性能可通过使用半主动惯容来提升。由于 Semi-I 悬架中没有阻尼元件，因此它在两个固有频率下的幅度远大于其他频率。

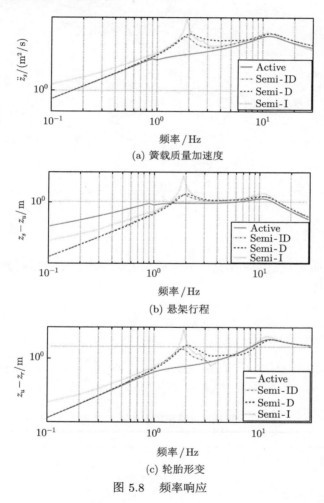

(a) 簧载质量加速度

(b) 悬架行程

(c) 轮胎形变

图 5.8 频率响应

5.4 全车模型仿真

5.4.1 全车模型

本节采用图 5.9 所示的七自由度全车模型 [38,107] 进一步验证半主动惯容的作用。表 5.3 给出了整车模型参数及命名，其中 fr、fl、rr 和 rl 分别表示右前、左前、右后和左后。

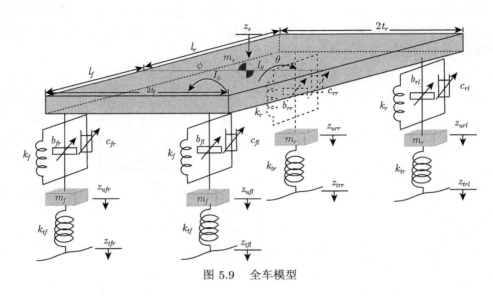

图 5.9　全车模型

假设簧载质量在俯仰和横滚方向上的角度足够小，则可以得到全车模型的状态空间方程，即

$$\dot{\bar{x}} = \bar{A}\bar{x} + \bar{B}u + \bar{B}_r z_r \tag{5.33}$$

其中，$\bar{x} = [\dot{z}_s \quad \dot{\theta} \quad \dot{\phi} \quad \dot{z}_{ufr} \quad \dot{z}_{ufl}, \quad \dot{z}_{urr} \quad \dot{z}_{url} \quad z_s \quad \theta \quad \phi \quad z_{ufr} \quad z_{ufl}, \quad z_{urr} \quad z_{url}]^{\mathrm{T}}$；$u = [u_{fr} \quad u_{fl} \quad u_{rr} \quad u_{rl}]^{\mathrm{T}}$；$z_r = [z_{rfr} \quad z_{rfl} \quad z_{rrr} \quad z_{rrl}]^{\mathrm{T}}$。

表 5.3　整车模型参数及命名

变量名称	符号	值
簧载质量	m_s	1600 kg
俯仰惯量	I_θ	1000 kgm²
横滚惯量	I_ϕ	450 kgm²
非簧载质量（前/后）	m_f、m_r	50 kg
前轴到重心距离	l_f	1.15 m
后轴到重心距离	l_r	1.35 m
前后车轴宽度	$2t_f$、$2t_r$	1.4 m
轮胎刚度（前/后）	k_{tf}、k_{tr}	250 kN/m
车身姿态：垂直/m	z_s	—
车身姿态：横滚、俯仰/rad	θ、ϕ	—
非簧载质量位移/m	z_{ufr}、z_{ufl}、z_{urr}、z_{url}	—
垂直方向道路位移/m	z_{tfr}、z_{tfl}、z_{trr}、z_{trl}	—

5.4.2 半主动悬架主动力跟踪方法

类似于四分之一车辆悬架设计的过程，我们通过让每个角落半主动悬架的力来跟踪该处为主动悬架时的主动力。若将主动控制方法产生的主动力表示为 u，则执行器的一阶动力学方程可表示为

$$\dot{u} = -\varGamma_a u + \varGamma_a u_a \tag{5.34}$$

其中

$$\varGamma_a = \begin{bmatrix} \beta_a & 0 & 0 & 0 \\ 0 & \beta_a & 0 & 0 \\ 0 & 0 & \beta_a & 0 \\ 0 & 0 & 0 & \beta_a \end{bmatrix} \tag{5.35}$$

其中，$\beta_a = 60\pi$ rad/s（30 Hz）为每个执行器的带宽。

将悬架主动力 u 代入状态向量，记新的状态为 $x = [\bar{x}\ \ u]^{\mathrm{T}}$，得到的状态空间方程为

$$\dot{x} = Ax + Bu_{in} + B_r z_r \tag{5.36}$$

其中

$$A = \begin{bmatrix} \bar{A} & \bar{B} \\ 0 & -\varGamma \end{bmatrix}, \quad B = \begin{bmatrix} 0 \\ \varGamma \end{bmatrix}, \quad B_r = \begin{bmatrix} \bar{B}_r \\ 0 \end{bmatrix} \tag{5.37}$$

这样可以获得 RSS 模型，即

$$x = G\dot{x} + Hu_{in} + H_r z_r \tag{5.38}$$

其中，$G = A^{-1}$；$H = -A^{-1}B$；$H_r = -A^{-1}B_r$。

定义受控输出 z 为包括垂直、横滚和俯仰方向的簧载质量加速度、每个角落的悬架行程，以及每个角落处的轮胎形变。如果不考虑道路扰动，则可以根据 $\dot{x}$ 和 u_{in} 得到控制输出 z，即

$$z = C_z \dot{x} + D_z u_{in} \tag{5.39}$$

定义性能指标为

$$J = \int_0^\infty (z^{\mathrm{T}} Q_0 z + u_{in}^{\mathrm{T}} r u_{in}) \mathrm{d}t \tag{5.40}$$

其中

$$Q_0 = \mathrm{diag}\,\{\rho_1,\ \rho_2,\ \rho_3,\ \rho_4,\ \rho_5,\ \rho_6,\ \rho_7,\ \rho_8,\ \rho_9,\ \rho_{10},\ \rho_{11}\} \tag{5.41}$$

可得

$$J = \int_0^\infty (\dot{x}^{\mathrm{T}} Q \dot{x} + 2\dot{x}^{\mathrm{T}} N u_{in} + u_{in}^{\mathrm{T}} R u_{in})\mathrm{d}t \tag{5.42}$$

其中，$Q = C_z^{\mathrm{T}} Q_0 C_z$；$N = C_z^{\mathrm{T}} Q_0 D_z$；$R = D_z^{\mathrm{T}} Q_0 D_z + r$。

需要的主动控制力为

$$u_a = -K\dot{x} = -K_1\dot{\tilde{x}} - K_2\dot{u} \tag{5.43}$$

其中，K 可由式 (5.6) 和式 (5.10) 得到。

将执行器动力学方程 (5.34) 代入方程 (5.43)，可得

$$u_a = -(I + K_2\varGamma_a)^{-1} K_1\dot{\tilde{x}} + (I + K_2\varGamma_a)^{-1} K_2\varGamma_a u \tag{5.44}$$

$(I + K_2\varGamma_a)$ 的逆的存在性证明与四分之一车辆模型相似。值得注意的是，目标主动控制律需要用到全车模型的加速度、速度，以及每个角落的实际悬架力。全车模型半主动控制的流程如图 5.10 所示。与四分之一车辆模型的主要区别在于，目标主动控制力分布在每个车辆的四个角落中。

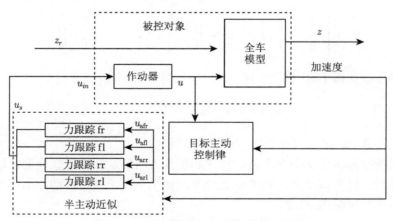

图 5.10　全车模型半主动控制的流程图

5.4.3　仿真结果

对于全车模型，车辆在四个车轮处均受到路面激励作用，并且前轮和后轮之间，以及右轮和左轮之间存在相关性。文献 [85] 表明，左右轮激励的相关性对系

统影响不大。因此，我们忽略俯仰方向上的相关性。右侧和左侧车轮的路况均由独立的一阶路面模型生成。前后轮之间的相关性用延迟时间为 $\tau = (l_f + l_r)/V$ 的纯延迟表示，其中 V 是车辆前进速度。

仿真模型的参数 [107] 代表一类典型的跑车数据。式 (5.40) 中的权重因子取 $\rho_1 = 3$、$\rho_2 = 2$、$\rho_3 = 1$、$\rho_4 = \rho_5 = \rho_6 = \rho_7 = 100$、$\rho_8 = \rho_9 = \rho_{10} = \rho_{11} = k_{tf}$、$r = 1 \times 10^{-6}$，车辆前进速度为 $V = 30$ m/s。权重因子选取的基本思路是在舒适性、悬架行程和轮胎动载荷间保持平衡。数值模拟中的路面选用 C 类路面。半主动阻尼器和半主动惯容的参数为 $c_{\min} = 0$ N·s/m、$c_{\max} = 3000$ N·s/m、$b_{\min} = 0$ kg、$b_{\max} = 100$ kg。仿真时间 T 为 20 s。

图 5.11 和图 5.12 给出了不同静态刚度下的性能对比，其中 Active 代表主动控制的表现；Semi-ID 表示 Semi-ID 悬架的仿真结果；Semi-D 表示 Semi-D 悬架的仿真结果；Semi-I 表示 Semi-I 悬架的仿真结果。舒适性性能定义为簧载质量加速度在垂直、横滚和俯仰方向上的均方根值；悬架行程性能定义为四个角落悬架行程的均方根值；轮胎动载荷为四个角落轮胎形变的均方根值。从图 5.11 可以看

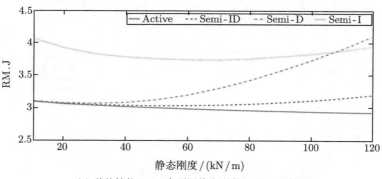

(a) 总体性能RM.J在不同静态刚度(k_f和k_r)时的对比

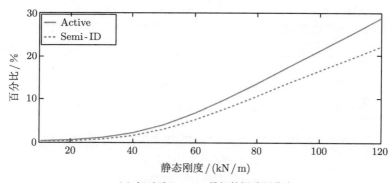

(b) 相对于Semi-D 悬架的提升百分比

图 5.11　不同静态刚度下的性能对比

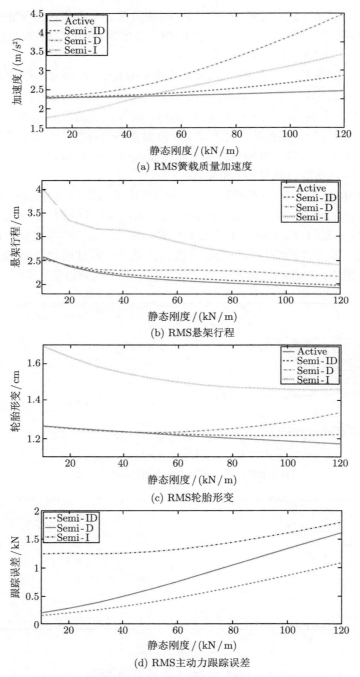

(a) RMS簧载质量加速度

(b) RMS悬架行程

(c) RMS轮胎形变

(d) RMS主动力跟踪误差

图 5.12　具体性能在不同静态刚度 (k_f 和 k_r) 下的对比

出，与 Semi-D 悬架相比，Semi-ID 悬架的性能提升超过 20%。图 5.12 给出了详细的对比结果，可以看出 Semi-ID 悬架在舒适性、悬架行程和轮胎动载荷方面均比 Semi-D 悬架更好。

图 5.13 给出了当 $k_f = k_r = 80$ kN/m 时，全车模型在不同车速下的性能对比。可以看出，Semi-ID 悬架的性能始终优于 Semi-D 悬架，相对于 Semi-D 悬架的提升百分比超过 10%。Semi-ID 悬架可以同时提高乘坐舒适性、悬架行程和轮胎动载荷性能。图 5.14 表明，Semi-ID 悬架比 Semi-D 悬架能更好地跟踪目标

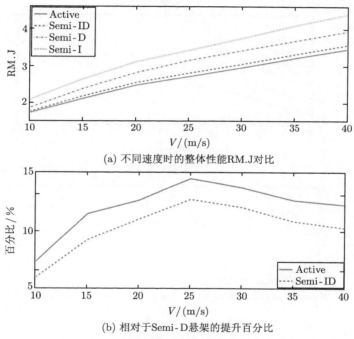

(a) 不同速度时的整体性能RM.J对比

(b) 相对于Semi-D悬架的提升百分比

图 5.13　全车模型在不同车速下的性能对比

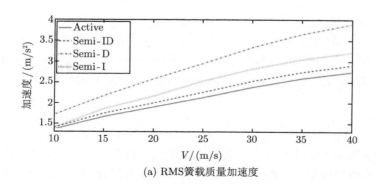

(a) RMS簧载质量加速度

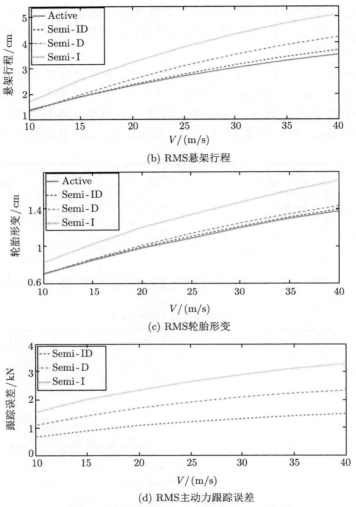

(b) RMS悬架行程

(c) RMS轮胎形变

(d) RMS主动力跟踪误差

图 5.14 $k_f = k_r = 80$ kN/m 时不同车速的悬架性能对比

主动控制力。这解释了为什么 Semi-ID 悬架优于 Semi-D 悬架。图 5.13 和图 5.14 中 Active 代表主动控制的表现；Semi-ID 表示 Semi-ID 悬架的仿真结果；Semi-D 表示 Semi-D 悬架的仿真结果；Semi-I 表示 Semi-I 悬架的仿真结果。

5.5 小 结

本章研究半主动惯容在半主动悬架中的应用问题。半主动惯容是对无源惯容的扩展，使得惯容量可在线调节。本章针对半主动惯容和半主动阻尼器的控制问题，提出一种主动力跟踪的控制方法。主动力跟踪方法的基本思想是，通过调整半主动惯容的惯容量和半主动阻尼器的阻尼系数，在线跟踪设计的主动控制力。本章提出一种面向控制的模型和基于反状态空间结构的主动控制力跟踪方法。反状态空间结构可直接使用加速度信息，方便算法设计。本章给出基于反状态空间结构的具体的惯容量和阻尼系数的方法。通过采用四分之一车辆模型和全车模型对提出的控制方法进行仿真验证。仿真结果表明，具有半主动惯容和半主动阻尼器的半主动悬架可以比传统的悬架（仅包含半主动阻尼器）更接近主动控制力，获得更好的整体性能。这可以有效地证明在车辆悬架中使用半主动惯容的必要性和优势。

虽然本章通过数值仿真证明了引入半主动惯容的性能优势，但理论上并不能保证性能一定提升，未来的研究工作可以考虑这方面的理论分析工作。此外，本章更多的是关注理想半主动惯容的理论方面，在实际应用中存在一些限制，例如在实际实现中惯容量的变化率、阻尼因素及其他非线性因素等。这些工作也可在未来的工作中进一步解决。

第 6 章 基于天棚惯容的悬架系统设计 及其半主动实现

文献 [1] 提出三种惯容的潜在应用，即振动吸收、车辆悬架和模拟质量。前两种应用主要利用惯容与质量相比具有两个自由移动端点的特性，在各类机械系统中得到广泛的研究，如车辆悬架系统 [38–40,89]、房屋减振 [108,109] 及其他振动控制系统 [48,49,55,110–113] 等。后一种应用利用单端点接地的惯容替代大的质量，可用于需要较大质量的场合。若惯容的一端接地，另一端与一个质量连接，则可等效为将该质量虚拟地增大量级为惯容量 [50]。如图 6.1 所示，图 6.1(a) 在理论上等效于图 6.1(b)，然而由于惯容的质量放大作用（较大的惯容量可通过较小的实际质量获得）。

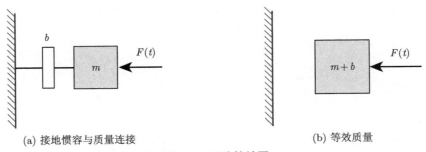

(a) 接地惯容与质量连接   (b) 等效质量

图 6.1 理论等效图

本章利用这种接地惯容虚拟增加系统质量的特性，提出一种天棚惯容的悬架系统结构来提升系统舒适性。天棚惯容结构采用接地惯容的一端连接簧载质量来虚拟地增大簧载质量。分析表明，簧载质量的增大必然带来舒适性的提升。因此，这种天棚惯容的悬架结构可用来提升车辆的舒适性而不受车辆其他参数的影响。然而，由于天棚惯容的实现需要在参考系中找到绝对静止的参考点，这在实际车辆应用中是不可能的，因此天棚惯容的理念仅可能通过主动控制来实现。为了采用半主动方式近似实现天棚惯容的结果，本章采用半主动惯容实现天棚惯容的方法，给出半主动惯容的控制方法。

6.1 问 题 描 述

天棚惯容悬架系统如图 6.2 所示。假设接地惯容与簧载质量相连来虚拟增加簧载质量，其中地面是固定惯性参考。这种结构类似于传统的天棚阻尼结构[114]，不同点在于惯容是储能元件而非耗能元件，因此系统特性存在较大的不同。

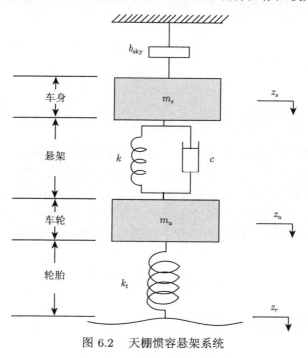

图 6.2 天棚惯容悬架系统

图 6.2 所示的车辆模型包括簧载质量 m_s、非簧载质量 m_u 和轮胎垂直刚度 k_t[39,89]，该系统的运动方程为

$$(m_s + b_{\text{sky}})\ddot{z}_s = -k(z_s - z_u) - c(\dot{z}_s - \dot{z}_u) \tag{6.1}$$

$$m_u\ddot{z}_u = k(z_s - z_u) + c(\dot{z}_s - \dot{z}_u) + k_t(z_r - z_u) \tag{6.2}$$

其中，b_{sky} 为天棚惯容的惯容量；z_s、z_u 和 z_r 为簧载质量位移、非簧载质量位移和道路垂直位移。

天棚惯容的主要目的是通过增大簧载质量来提高车辆的舒适性。因此，本章考虑簧载质量加速度对乘坐舒适性的影响。对于四分之一车辆模型，舒适性可以量化为簧载质量加速度的均方根，即[38]

$$J_1 = 2\pi\sqrt{v\kappa}\left\|s^{-1}T_{z_r \to \ddot{z}_s}(s)\right\|_2 \tag{6.3}$$

其中，s 为拉普拉斯变量；v 为车辆前进速度；κ 为道路粗糙度参数；$T_{x\to y}(s)$ 为 x 到 y 的传递函数；$\|\cdot\|_2$ 为系统的 H_2 范数[75]。

6.2 天棚惯容悬架的性能

对于图 6.2 中所示的四分之一车辆模型，可通过解析方法[39,89] 得到解析表达式，即

$$J_1 = 2\pi\sqrt{V\kappa H_1} \tag{6.4}$$

其中

$$H_1 = \frac{k_t}{2(m_s + b_{\mathrm{sky}})^2}c + \left[\frac{m_u}{2(m_s + b_{\mathrm{sky}})^2} + \frac{1}{2(m_s + b_{\mathrm{sky}})}\right]k^2c^{-1} \tag{6.5}$$

天棚惯容悬架是通过在传统悬架上增加天棚惯容获得的。因此，对于天棚惯容悬架，静态刚度 k 和阻尼系数 c 可以看作是提前给定的参数。由式 (6.4) 可知，无论系数 k 和 c 取何值，都可以直接看出 J_1 是 b_{sky} 的递减函数。这意味着，增加天棚惯容量 b_{sky} 总可以提高乘坐舒适性能，与悬架的阻尼系数和静态刚度无关。

对于给定的刚度 k，可以获得相对于最佳舒适性能的最佳阻尼系数，即

$$c_{\mathrm{opt}} = \sqrt{\frac{m_s + b_{\mathrm{sky}} + m_u}{k_t}}k \tag{6.6}$$

并且最佳的舒适性能解析表达式为

$$J_{1,\mathrm{opt}} = \frac{2\pi\sqrt{V\kappa k}\left[k_t(m_s + b_{\mathrm{sky}} + m_u)\right]^{1/4}}{m_s + b_{\mathrm{sky}}} \tag{6.7}$$

将传统悬架（图 6.2 中去掉天棚惯容的悬架系统）的最佳乘坐舒适性表示为 $J_{10,\mathrm{opt}}$。然后，使用天棚惯容提高 J_1 的百分比，可以表示为

$$\rho = \frac{J_{10,\mathrm{opt}} - J_{1,\mathrm{opt}}}{J_{10,\mathrm{opt}}}$$

$$= 1 - \frac{1}{1 + b_{\mathrm{sky}}/m_s}\left[\frac{1}{1 + b_{\mathrm{sky}}/(m_s + m_u)}\right]^{1/4} \tag{6.8}$$

显然，对于任何给定的静态刚度和相关的最佳阻尼系数，ρ 仅取决于 b_{sky}/m_s 和 $b_{\mathrm{sky}}/(m_s + m_u)$ 的比值。图 6.3 显示了在不同的惯容量与簧载质量比和非簧载质量与簧载质量比情况下，天棚惯容悬架相比于传统悬架的提升百分比。可以看

出，使用天棚惯容结构可显著提升车辆舒适性。例如，如果天棚惯容的惯容量等于簧载质量（$b_{\mathrm{sky}}/m_s = 1$），则与传统的悬架相比，舒适性可提升超过 50‰。

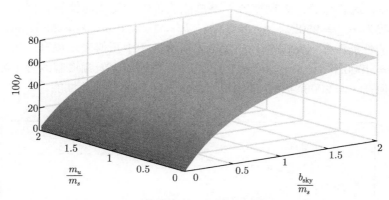

图 6.3　天棚惯容悬架比传统悬架性能提升百分比

除乘坐舒适性性能外，车辆悬架的另一个重要性能是轮胎动载荷性能，可由轮胎动载荷均方根来量化[39]，即

$$J_3 = 2\pi\sqrt{V\kappa}\left\| s^{-1}T_{z_r \to k_t(z_u - z_r)(s)} \right\|_2 \tag{6.9}$$

式 (6.9) 的解析表达式可从文献 [39] 中得到，即

$$J_3 = 2\pi\sqrt{V\kappa H_3} \tag{6.10}$$

其中

$$H_3 = a_1 c + a_2 c^{-1} \tag{6.11}$$

并且

$$a_1 = \frac{(m_s + b_{\mathrm{sky}} + m_u)^2 k_t}{2m_s^2}$$

$$a_2 = \frac{(m_s + b_{\mathrm{sky}} + m_u)^3 k^2 - 2(m_s + b_{\mathrm{sky}})m_u(m_s + b_{\mathrm{sky}} + m_u)k_t k + m_u(m_s + b_{\mathrm{sky}})^2 k_t^2}{2(m_s + b_{\mathrm{sky}})^2}$$

H_{30} 表示没有天棚惯容的悬架的值，即令 $b_{\mathrm{sky}} = 0$ 时 H_3 的值。定义 ΔH_3 为

$$\Delta H_3 = H_3 - H_{30} = \frac{b_{\mathrm{sky}}}{2(m_s + b_{\mathrm{sky}})^2 m_s^2 c} f_1 \tag{6.12}$$

其中，$f_1 = m_s^2 k^2 b_{\text{sky}}^2 + [(m_s + m_u)(2m_s^2 - 2m_s m_u - m_u^2)k^2 + 2m_s m_u^2 k_t k - c^2 k_t m_u (2m_s + m_u)]b_{\text{sky}} + m_s(m_s - 2m_u)(m_s + m_u)^2 k^2 + 2k k_t m_s^2 m_u^2 - 2c^2 k_t m_s m_u (m_s + m_u)$。可以看出，天棚惯容提升轮胎动载荷性能的条件是 $f_1 < 0$，与 m_s、m_u、k_t、k 和 c 的值有关。这意味着，天棚惯容并不总能改善轮胎动载荷性能。例如，如果选择车辆参数为 $m_s = 250\text{kg}$、$m_u = 35\text{kg}$、$k_t = 150\text{kN/m}$、$k = 20\text{kN/m}$，则不同 b_{sky} 和 c 的性能改善（或恶化）如图 6.4 所示，图中正值表示提升；负值表示恶化。当 $c = 4000\text{N·s/m}$、$c = 6000\text{N·s/m}$ 时可以看到，天棚惯容改善了轮胎动载荷性能，但在 $c = 2000\text{N·s/m}$ 的情况下会降低轮胎的动载荷性能。

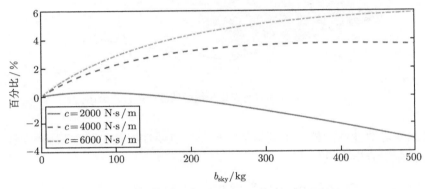

图 6.4　天棚惯容悬架相比于传统悬架的轮胎动载荷性能提高百分比

值得注意的是，本章主要关注的是乘坐舒适性性能，无论参数（m_s，m_u，k_t，k，c）取何值，使用天棚惯容都可以改善乘坐舒适性性能。对于其他性能要求，包括轮胎动载荷等，可通过调整 k 和 c 等参数来满足。由于天棚惯容悬架要求车辆存在绝对静止不动的点，这在实践中是不可能的，因此天棚惯容结构只能通过使用主动控制来实现。由于主动悬架需要消耗较大能量，因此本章研究使用半主动惯容的半主动方法实现天棚惯容。

6.3　天棚惯容的半主动实现

本节研究采用半主动惯容实现天棚惯容。带有半主动惯容的半主动悬架如图 6.5 所示。其运动方程为

$$m_s \ddot{z}_s = -k(z_s - z_u) - c(\dot{z}_s - \dot{z}_u) - b_{\text{semi}}(\ddot{z}_s - \ddot{z}_u) \tag{6.13}$$

$$m_u \ddot{z}_u = k(z_s - z_u) + c(\dot{z}_s - \dot{z}_u) + b_{\text{semi}}(\ddot{z}_s - \ddot{z}_u) + k_t(z_r - z_u) \tag{6.14}$$

其中，b_{semi} 为半主动惯容的惯容量。

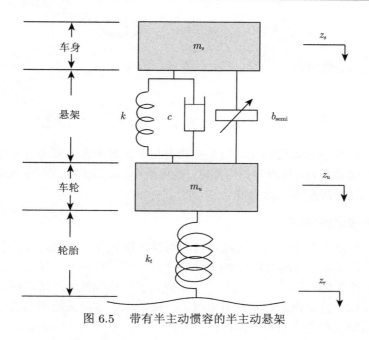

图 6.5　带有半主动惯容的半主动悬架

图 6.2 所示的天棚惯容传递的力为

$$F_{\mathrm{sky}} = b_{\mathrm{sky}}\ddot{z}_s$$

图 6.5 所示的半主动惯容传递的力为

$$F_{\mathrm{semi}} = b_{\mathrm{semi}}(\ddot{z}_s - \ddot{z}_u)$$

为了使图 6.5 所示的半主动悬架具有与图 6.2 所示的天棚惯容悬架相似的性能，一种直接的方式是使用 F_{semi} 近似 F_{sky}。根据半主动惯容量 b_{semi} 是否可连续调节，可得到 b_{semi} 的两种控制规律，即通断控制和连续控制。

6.3.1　通断天棚控制

对于通断天棚控制，半主动惯容值 b_{semi} 有两种状态，即在开通状态具有最大惯容量 b_{max}，在关断状态具有最小惯容值 b_{min}。

对于每一个时刻，通断天棚控制都求解如下优化问题，即

$$\min_{b_{\mathrm{semi}}(t)} |F_{\mathrm{semi}}(t) - F_{\mathrm{sky}}(t)|$$

$$\text{s.t.}\quad b_{\text{semi}}(t) = b_{\text{max}} \text{ 或 } b_{\text{min}}$$

易知该问题的最优解为

$$b_{\text{semi}} = \begin{cases} b_{\text{max}}, & \ddot{z}_s(\ddot{z}_s - \ddot{z}_u) \geqslant 0 \\ b_{\text{min}}, & \ddot{z}_s(\ddot{z}_s - \ddot{z}_u) < 0 \end{cases} \tag{6.15}$$

式 (6.15) 中的基本思路是，当半主动力与所需的天棚惯容力符号相同时，半主动惯容传递最大力；当力方向相反时，传递最小力。这意味着，最小惯容量 b_{min} 越小越好，理想情况下 $b_{\text{min}} = 0$。

6.3.2　防抖振通断控制

通断控制是在两个状态下在线切换，这种控制具有严重的抖振问题，可能会降低性能，并损坏半主动装置，如控制阀[115, 116] 等。抖振是系统在不同状态之间快速切换而产生的[115]。文献 [115], [116] 研究了通断天棚半主动阻尼控制抖振的问题，并提出一种改进的控制逻辑来消除抖振问题。本章采用类似的思路消除半主动惯容通断控制产生的抖振问题。

与文献 [115], [116] 中的定义类似，对于通断天棚控制律 (6.15)，$\ddot{z}_s$ 切换定义为由于簧载质量加速度 $\ddot{z}_s$ 符号的变化产生的切换；$\ddot{z}_s - \ddot{z}_u$ 切换定义为由相对加速度 $\ddot{z}_s - \ddot{z}_u$ 符号的变化而产生的切换。抖振现象是惯容力密集、快速的切换激发的，而惯容力取决于惯容量和相对加速度 $\ddot{z}_s - \ddot{z}_u$。对于通断天棚控制律 (6.15)，$\ddot{z}_s$ 切换可带来较大惯容力的变化，$\ddot{z}_s - \ddot{z}_u$ 切换即相对加速度切换总是导致较小的惯容力变化。这意味着，只有 $\ddot{z}_s$ 切换才是激励抖振的关键，因为较大的惯容力比较小的力更容易引起抖振。此外，只有当悬架中无源部分的力（弹簧力加阻尼力）和惯容力相反，且无源部分的力小于惯容力时，才会发生抖振。如果惯容力不大于无源力，惯容力不会改变加速度的方向，则不会引起抖振。

因此，抖振出现的三个条件总结如下。

① 出现 $\ddot{z}_s$ 切换。

② 开通状态惯容力与无源力（弹簧力加阻尼力）相反。

③ 惯容力大于无源力。

如果满足这些条件，将激发抖振现象，直到出现 $\ddot{z}_s - \ddot{z}_u$ 切换，或者条件②或③不满足。因此，参照通断半主动阻尼控制[116]，本章提出改进的控制逻辑来消除半主动惯容控制产生的抖振问题。改进的防抖振通断半主动惯容控制逻辑流程图如图 6.6 所示。

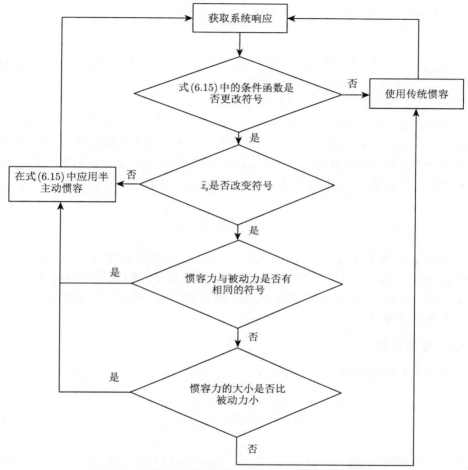

图 6.6 改进的防抖振通断半主动惯容控制逻辑流程图

6.3.3 连续天棚控制

通断天棚控制确保半主动力与所需的天棚惯容力具有相同的方向,但没有保证大小和相位相同。类似于文献 [116] 中的天棚阻尼控制,如果半主动惯容可以连续调节,则半主动力在其开启状态下的大小和相位可以保证与所需的天棚惯容力相同。因此,可以得到半主动惯容的连续控制策略。

对于每一个时刻,连续的天棚控制均求解如下优化问题,即

$$\min_{b_{\mathrm{semi}}(t)} \quad |F_{\mathrm{semi}}(t) - F_{\mathrm{sky}}(t)|$$

$$\mathrm{s.t.} \quad b_{\min} \leqslant b_{\mathrm{semi}}(t) \leqslant b_{\max}$$

其最优解为

$$b_{\text{semi}} = \begin{cases} \max\left(b_{\min}, \min\left(\dfrac{b_{\text{sky}}\ddot{z}_s}{\ddot{z}_s - \ddot{z}_u}, b_{\max}\right)\right), & \ddot{z}_s(\ddot{z}_s - \ddot{z}_u) \geqslant 0 \\ b_{\min}, & \ddot{z}_s(\ddot{z}_s - \ddot{z}_u) < 0 \end{cases} \tag{6.16}$$

控制律 (6.16) 将半主动惯容量 b_{semi} 限制在 $[b_{\min}, b_{\max}]$ 范围内，并保证如果 $\ddot{z}_s(\ddot{z}_s - \ddot{z}_u) \geqslant 0$ 且 $b_{\text{semi}} \in [b_{\min}, b_{\max}]$，半主动惯容力等于天棚惯容力。同样，如果半主动力与所需的天棚惯容力方向相反，则最好完全不施力。因此，连续天棚控制的最小惯容量 $b_{\min}$ 也越小越好，理想的 $b_{\min}$ 为零。

6.4　数　值　仿　真

本节采用如下典型车辆参数来验证提的半主动惯容控制方法，其中 $m_s = 250\text{kg}$、$m_u = 35\text{kg}$、$k_t = 150\text{kN/m}$。在仿真过程中，假设静态刚度 k 是提前给定的量，范围在 $10 \sim 120\text{kN/m}$ 之间，涵盖乘用车、跑车、重型货车到赛车等不同车辆的设置[38]。

6.4.1　路面模型

典型随机路面的谱密度可表示为

$$\Phi(\Omega) = \Phi(\Omega_0)\left(\frac{\Omega}{\Omega_0}\right)^{-\omega} \tag{6.17}$$

式中，Ω 为波数；$\Phi_0 = \Phi(\Omega_0)$ 为 $\Omega_0 = 1\text{rad/m}$ 时功率谱密度；ω 为不平整度，$\omega = 2$ 时可表示大部分路面。

国际标准化组织[86] 根据 Φ_0 的值制定了 A~E 级不同的道路等级，如表 3.3 所示。这些道路模型可通过文献 [87] 中的一阶系统来实现，即

$$\dot{z}_r(t) = -\alpha V z_r(t) + w(t) \tag{6.18}$$

式中，$w(t)$ 为谱密度为 $\Psi_w = 2\alpha V \sigma^2$ 的白噪声，σ 和 α 与 ISO 标准之间的对应关系如表 3.3 所示；V 为车辆前进速度。

6.4.2　仿真结果

图 6.2 中无天棚惯容的传统悬架用于对比分析。对于给定的静态刚度 k 和给定的车辆参数，根据舒适性性能指标，传统悬架的阻尼系数设置为最优的值，即

$k\sqrt{(m_s + m_u)/k_t}$[39]。图 6.2 和图 6.5 中的阻尼系数由式 (6.6) 给出。对于半主动惯容，其最小惯容量 b_{min} 设为 0，最大惯容量 b_{max} 选为 b_{sky}。路面参数选择 B 级路面，车辆前进速度取 30m/s。

1. 通断天棚控制

如图 6.7 所示，虽然理想天棚惯容的惯容量越大系统舒适性越好，但在半主动控制中开通状态惯容量 b_{max} 不是越大越好。这意味着，对于每个给定的静态刚度，存在一个最佳的开通状态惯容量，如图 6.7 中的最优线所示。如图 6.8 所示，对于大多数静态刚度，通断天棚控制效果好于传统悬架，但差于理想天棚控制。对于静态刚度较低的情形，通断天棚控制的性能比传统悬架要差得多，一个可能的原因是抖振问题。

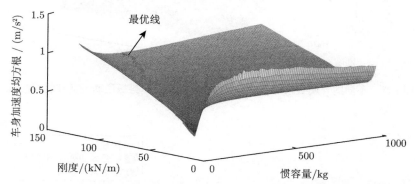

图 6.7　不同开通状态惯容量和静态刚度条件下通断天棚控制的性能

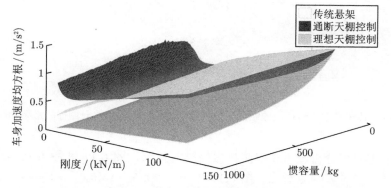

图 6.8　传统悬架、通断天棚控制半主动悬架与理想的天棚控制悬架性能对比

2. 防抖振通断天棚控制

与通断天棚控制类似,对于每个给定的静态刚度,存在一个最佳的开通状态惯容量,如图 6.9 中的最优线所示。此外,图 6.10 表明,对于除静态刚度较低的大多数静态刚度,防抖振天棚控制的性能介于传统悬架和理想天棚控制之间。对比图 6.8 和图 6.10 可以发现,由于防抖振作用,在悬架刚度较小时,半主动悬架性能可以得到较好的改善。

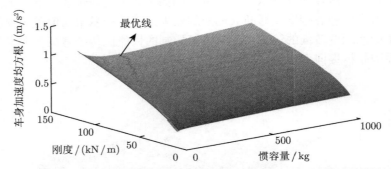

图 6.9   不同的开通状态惯容值和静态刚度条件下防抖振通断天棚控制的性能

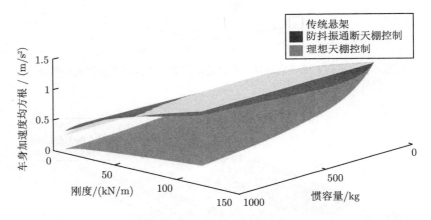

图 6.10   传统悬架、防抖振通断天棚控制半主动悬架和理想的天棚控制悬架的性能对比

为了进一步分析图 6.6 中防抖振控制的效果,图 6.11 和图 6.12 给出了悬架刚度不同时的时域响应对比。图 6.11 中 $k = 20\text{kN/m}$、$b_{\text{sky}} = 150\text{kg}$。图 6.12 中 $k = 80\text{kN/m}$、$b_{\text{sky}} = 150\text{kg}$。可以看出,防抖振通断控制可极大削弱抖振现象,从而提升系统性能。

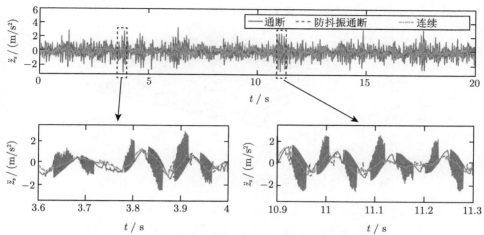

图 6.11 通断控制、防抖振通断控制和连续控制的时域响应对比 ($k = 20\mathrm{kN/m}$、$b_{\mathrm{sky}} = 150\mathrm{kg}$)

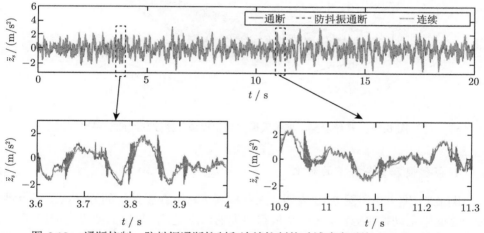

图 6.12 通断控制、防抖振通断控制和连续控制的时域响应对比 ($k = 80\mathrm{kN/m}$、$b_{\mathrm{sky}} = 150\mathrm{kg}$)

3. 连续天棚控制

图 6.13 和图 6.14 给出了连续天棚控制的仿真结果。可以发现，连续天棚控制与通断控制和防抖振通断控制结果类似，均存在一条最优惯容量曲线，并且在悬架较软时性能不好。通过对比三种半主动控制方法可以发现，连续控制更加接近于理想天棚控制。这也符合预期。

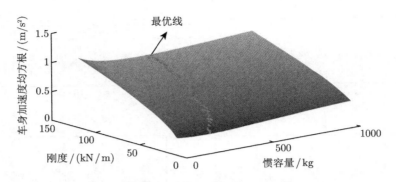

图 6.13　不同惯容量和静态刚度的连续天棚控制的性能

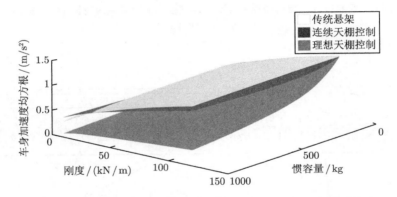

图 6.14　传统悬架、连续天棚控制和理想天棚控制的性能对比

4. 最优惯容量条件下的对比

　　图 6.7、图 6.9 和图 6.13 表明，三种控制策略下存在最优的开通状态惯容量。对于这些半主动控制方法，另一个值得研究的问题是，在最优的惯容量情形下，三者性能如何。在最优开通状态惯容量情形下，三种控制策略的性能对比如图 6.16 所示。相应的最优惯容量如图 6.15 所示。结果表明，这些控制方法在改善乘坐舒适性方面具有相似的性能。在大多数静态刚度下，与传统悬架相比，可以获得超过 10% 的性能提升。此外，对于较软的悬架，连续控制往往更好，而通断和防抖振通断控制更适合较硬的悬架。

　　图 6.17 中的参数值与图 6.16 和图 6.15 相同。结果表明，对于较软的悬挂（静态刚度小于约 50 kN/m），使用天棚惯容的半主动实现方法会降低轮胎动载荷性能；对于较硬的悬挂（静态刚度大于约 50 kN/m），轮胎动载荷性能会提高。

这意味着，天棚惯容的半主动实现方法有可能同时提高乘坐舒适性和轮胎动载荷性能。

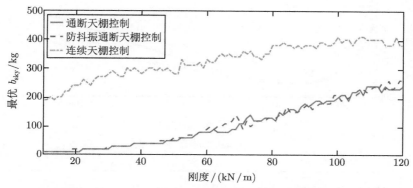

图 6.15   三种控制方法对不同静态刚度的最优开通状态惯容量

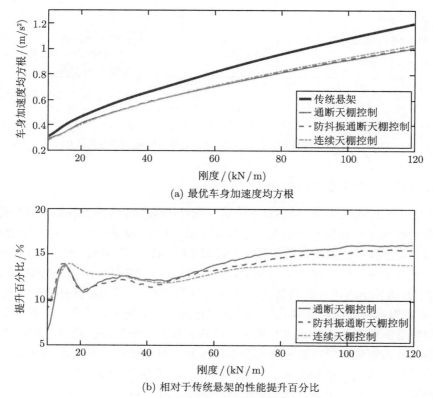

(a) 最优车身加速度均方根

(b) 相对于传统悬架的性能提升百分比

图 6.16   三种控制方法在不同静态刚度下的最优舒适性

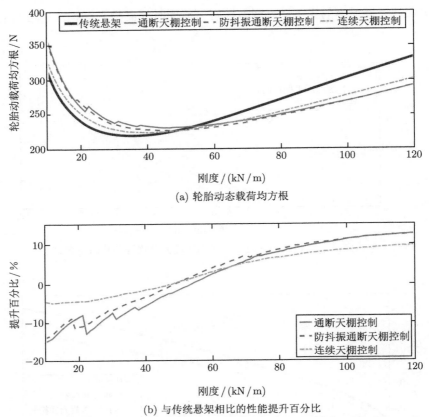

(a) 轮胎动态载荷均方根

(b) 与传统悬架相比的性能提升百分比

图 6.17　三种控制方法在不同静态刚度下的轮胎动载荷性能

5. 惯容非线性和带宽的影响

由于机械结构的原因, 惯容存在诸多非线性因素[41]。考虑弹性效应和摩擦, 本节采用文献 [41] 中提出的非线性惯容模型 (图 6.18)。模型不包括齿隙非线性, 因为可以通过预载方式消除齿隙的影响。选取文献 [41] 中的参数, $k_s = 1000\text{kN/m}$、$c_s = 3200\text{N·s/m}$、$f_c = 10\ \text{N}$, 分别对较软悬架 ($k = 20\text{kN/m}$) 和较硬悬架 ($k = 80\text{kN/m}$) 两种情形进行数值仿真, 其中使用图 6.15 所示的最优开通状态惯容量 b_{sky}。理想惯容和非线性惯容之间的性能对比如表 6.1 所示。其中, 正值意味着提升, 负值意味着恶化。如表 6.1 所示, 这些非线性因素的存在降低了通断控制和防抖振通断控制的性能, 特别是在悬架刚度较小时。然而, 对于连续控制, 引入这些非线性, 系统性能却改善了。这意味着, 非线性因素的存在并不一定会恶化系统性能。

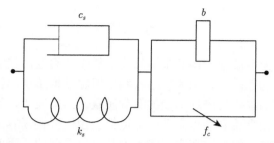

图 6.18 带有弹性效应和摩擦非线性特性的惯容模型 [41]

表 6.1 理想惯容和非线性惯容之间的性能对比

项目		通断/%		防抖振通断/%		连续/%	
		理想	非线性	理想	非线性	理想	非线性
$k = 20$ kN/m	乘坐舒适性	11.27	−7.47	11.27	−40.64	13.43	34.61
	轮胎抓地	−8.64	−5.94	−11.06	−2.76	−4.67	−6.44
$k = 80$ kN/m	乘坐舒适性	15.23	12.86	14.70	−2.18	13.83	29.32
	轮胎抓地	8.06	18.82	8.69	15.91	6.59	23.26

由于半主动惯容的惯容量是在线调节的，因此其切换带宽受到一定的限制。接下来，研究惯容量的调节带宽的影响。本节考虑带宽为 10Hz，对于通断控制，使用 0.1s 的延迟；对于连续控制，使用如下一阶线性系统，即

$$\dot{b} = -\beta(b - b_{in})$$

其中，$\beta = 20\pi \mathrm{rad/s}$；$b$ 和 b_{in} 为实际惯容量和期望惯容量。

表 6.2 给出了理想惯容和带宽为 10Hz 的惯容之间的性能对比，其中数值为传统悬架基础上的改进或退化百分比。研究表明，在考虑惯容量调节的带宽的情况下，系统的舒适性会均匀降低。这说明，半主动惯容的带宽对天棚惯容半主动实现方法的性能至关重要，需要在实践中仔细地设计。

表 6.2 理想惯容和带宽为 10 Hz 的惯容之间的性能比较

项目		通断/%		防抖振通断/%		连续/%	
		理想	10Hz	理想	10 Hz	理想	10 Hz
$k = 20$ kN/m	乘坐舒适性	11.27	4.50	11.27	4.51	13.43	2.31
	轮胎抓地	−8.64	−2.64	−11.06	−2.43	−4.67	2.09
$k = 80$ kN/m	乘坐舒适性	15.23	1.08	14.70	1.10	13.83	10.28
	轮胎抓地	8.06	−2.59	8.69	−2.31	6.59	3.78

6.5　小　　结

本章研究基于天棚惯容结构的车辆悬架系统设计问题，其中车辆舒适性性能指标作为主要衡量的性能。天棚惯容结构利用惯容模拟质量的特性，在不增加簧载质量的情况下，能虚拟地增加车辆的簧载质量。结果表明，无论静态刚度和阻尼系数如何，天棚惯容总是能提高乘坐舒适性。由于天棚惯容的实现需要在参考系中找到绝对静止的位置，这在实际应用中是难以实现的，因此天棚惯容仅可通过主动控制方式实现。为逼近天棚惯容的性能，本章提出采用半主动惯容实现天棚惯容的半主动控制方法，推导半主动惯容量控制的三种控制方法，即通断天棚控制、防抖振天棚控制和连续天棚控制，采用数值仿真证实该方法的有效性。所提出的三种半主动惯容控制策略可逼近天棚惯容控制效果，与传统悬架相比，可取得 10％以上的性能提升。研究还表明，这三种半主动惯容控制策略性能类似，但连续控制对较软悬架的控制效果略好，而通断和防抖振通断控制对较硬悬架的控制效果略好。

本章提出的天棚惯容结构及其半主动实现需要测量加速度信号。虽然如何获得加速度信号的方法超出了本章的研究范围，但测量噪声在一定程度上会降低系统的性能。这在实际应用中需要加以考虑。此外，本章没有考虑车辆的非线性因素。下一步考虑更贴近实际的车辆模型，以及考虑有关非线性参数优化问题，评估所提方法的性能。

参 考 文 献

[1] Smith M C. Synthesis of mechanical networks: the inerter. IEEE Transactions on Automatic Control, 2002, 47(10): 1648-1662.

[2] Chen M Z Q, Papageorgiou C, Scheibe F, et al. The missing mechanical circuit element. IEEE Circuits and Systems Magazine, 2009, 9(1): 10-26.

[3] Hughes M. A genius idea, and why McLaren hasn't tried to stop others using it. http://www.autosport.com/general/news/mph-mark-hughes-on-5078990/5078990 [2008-6-4].

[4] Shearer J L, Murphy A T, Richardson H H. Introduction to System Dynamics. New York: Addison-Wesley, 1967.

[5] Newcomb R W. Linear Multiport Synthesis. New York: McGraw-Hill, 1966.

[6] Chen M, Smith M. A note on tests for positive-real functions. IEEE Transactions on Automatic Control, 2009, 54(2): 390-393.

[7] Brune O. Synthesis of a finite two-terminal network whose driving-point impedance is a prescribed function of frequency. Journal of Mathematical Physics, 1931, 10(2): 191-236.

[8] Bott R, Duffin R J. Impedance synthesis without use of transformers. Journal of Applied Physics, 1949, 20(8): 816-819.

[9] Chen M Z Q, Smith M C. Restricted complexity network realizations for passive mechanical control. IEEE Transactions on Automatic Control, 2009, 54(10): 2290-2301.

[10] Chen M Z Q. Passive network synthesis of restricted complexity. Cambridge: University of Cambridge, 2007.

[11] Chen M Z Q, Wang K, Shu Z, et al. Realizations of a special class of admittances with strictly lower complexity than canonical forms. IEEE Transactions on Circuits and Systems I: Regular Papers, 2013, 60(9): 2465-2473.

[12] Chen M Z Q, Wang K, Zou Y, et al. Realization of a special class of admittances with one damper and one inerter for mechanical control. IEEE Transactions on Automatic Control, 2013, 58(7): 1841-1846.

[13] Chen M Z Q, Wang K, Zou Y, et al. Realization of three-port spring networks with inerter for effective mechanical control. IEEE Transactions on Automatic Control, 2015, 60(10): 2722-2727.

[14] Chen M Z Q, Wang K, Li C, et al. Realization of biquadratic impedances as five-element bridge networks. IEEE Transactions on Circuits and Systems I: Regular Papers, 2017, 8: 1-13.

[15] Wang K, Chen M Z Q. Minimal realizations of three-port resistive networks. IEEE Transactions on Circuits and Systems I: Regular Papers, 2017, 62(4): 986-994.

[16] Wang K, Chen M Z Q, Li C, et al. Passive controller realization of a biquadratic impedance with double poles and zeros as a seven-element series-parallel network for effective mechanical control. IEEE Transactions on Automatic Control, 2018, 63(9): 3010-3015.

[17] Jiang J Z, Smith M C. On the theorem of Reichert. Systems and Control Letters, 2012, 61(12): 1124-1131.

[18] Chen M Z Q, Wang K, Chen G. Passive Network Synthesis: Advances with Inerter. Singapore: World Scientific, 2020.

[19] Wang F C, Hong M F, Lin T C. Designing and testing a hydraulic inerter. Proceedings of the Institution of Mechanical Engineers, Part C: Journal of Mechanical Engineering Science, 2011, 225(1): 66-72.

[20] Tuluie R. Fluid inerter. https://patent. google.com/patent/US20130032442A1/en [2020-11-16].

[21] Gartner B J, Smith M C. Damping and inertial hydraulic device. Cambridge: US2015 016773A1, 2015.

[22] 陈志强，张海中. 一种波浪形管环绕式气体惯容. 中国，ZL201811010169.X. 2020-07-24.

[23] Kuhnert W M, Goncalves P J P, Ledezma-Ramirez D F, et al. Inerter-like devices used for vibration isolation: a historical perspective. Journal of the Franklin Institute, 2021, 358: 1070-1086.

[24] Wagg D J. A review of the mechanical inerter: historical context, physical realisations and nonlinear applications. https://doi.org/10.1007/s11071-021-06303-8[2021-4-30].

[25] Schönfeld J C. Analogy of hydraulic, mechanical, acoustic and electrical systems. Applied Scientific Research, 1954, 3: 417-450.

[26] Flannelly W G. Dynamic antiresonant vibration isolator. https://www.google.com/ patents/US3322379[2012-5-26].

[27] Goodwin A. Vibration isolators. https://www.google.com/patents/US3202388[2019-6-16].

[28] Flower W C. Understanding hydraulic mounts for improved vehicle noise, vibration and ride qualities. SAE Transactions, 1985, 94: 832-841.

[29] Kawamata S. Development of a vibration control system of structures by means of mass pumps. Technical report. Tokyo: Institute of Industrial Science, 1973.

[30] Okumura A. The gyro-mass inerter Japan patent koukai. https://www.j-platpat. inpit.go./p0200[2002-10-10].

[31] Saitoh M. On the performance of gyro-mass devices for displacement mitigation in base isolation systems. Structural Control Health Monitoring, 2012, 19(2): 246-259.

[32] Rivin E I. Passive Vibration Isolation.New York: ASME Press, 2003.

[33] Chen M Z Q, Hu Y, Li C, et al. Semi-active suspension with semi-active inerter and semi-active damper. IFAC Proceedings Volumes, 2014, 47(3): 11225-11230.

[34] Chen M Z Q, Hu Y. Inerter and Its Application in Vibration Control Systems. Singapore: Springer, 2019.

[35] Hu Y, Chen M Z Q, Xu S, et al. Semi-active inerter and its application in adaptive tuned vibration absorbers. IEEE Transactions on Control Systems Technology, 2017, 25(1): 294-300.

[36] Hu Y, Du H, Chen M Z Q. An inerter-based electromagnetic device and its application in vehicle suspensions//The 34th Chinese Control Conference, 2015: 2060-2065.

[37] Hu Y, Chen M Z Q. Performance optimization for inerter-based double wishbone suspension system//2017 Eighth International Conference on Intelligent Control and Information Processing, 2017: 243-248.

[38] Smith M C, Wang F C. Performance benefits in passive vehicle suspensions employing inerters. Vehicle System Dynamics, 2004, 42(4): 235-257.

[39] Scheibe F, Smith M. Analytical solutions for optimal ride comfort and tyre grip for passive vehicle suspensions. Vehicle System Dynamics, 2009, 47(10): 1229-1252.

[40] Wang F C, Chan H A. Vehicle suspensions with a mechatronic network strut. Vehicle System Dynamics, 2011, 49(5): 811-830.

[41] Wang F C, Su W J. Impact of inerter nonlinearities on vehicle suspension control. Vehicle System Dynamics, 2008, 46(7): 575-595.

[42] Hu Y, Chen M Z Q. Inerter-based passive structural control for load mitigation of wind turbines//2017 29th Chinese Control And Decision Conference, 2017: 3056-3061.

[43] Hu Y, Wang J, Chen M Z Q, et al. Load mitigation for a barge-type floating offshore wind turbine via inerter-based passive structural control. Engineering Structures, 2018, 177: 198-209.

[44] Liu Y, Chen M Z Q, Tian Y. Nonlinearities in landing gear model incorporating inerter//2015 IEEE International Conference on Information and Automation, 2015: 696-701.

[45] Dong X, Liu Y, Chen M Z Q. Application of inerter to aircraft landing gear suspension//2015 34th Chinese Control Conference, 2015: 2066-2071.

[46] Hu Y, Chen M Z Q, Shu Z, et al. Vibration analysis for isolation system with inerter//Proceedings of the 33rd Chinese Control Conference, 2014: 6687-6692.

[47] Liu Y, Hu Y, Chen M Z Q. Effect of play in inerter on vehicle suspension system//The 27th Chinese Control and Decision Conference, 2015: 2497-2502.

[48] Hu Y, Chen M Z Q. Performance evaluation for inerter-based dynamic vibration absorbers. International Journal of Mechanical Sciences, 2015, 99: 297-307.

[49] Jin X L, Chen M Z Q, Huang Z L. Minimization of the beam response using inerter-based passive vibration control configurations. International Journal of Mechanical Sciences, 2016, 119: 80-87.

[50] Chen M Z Q, Hu Y, Huang L, et al. Influence of inerter on natural frequencies of vibration systems. Journal of Sound and Vibration, 2014, 333(7): 1874-1887.

[51] Hu Y, Chen M Z Q, Smith M C. Natural frequency assignment for mass-chain systems with inerters. Mechanical Systems and Signal Processing, 2018, 108: 126-139.

[52] Papageorgiou C, Smith M C. Positive real synthesis using matrix inequalities for mechanical networks: application to vehicle suspension. IEEE Transactions on Control Systems Technology, 2006, 14(3): 423-435.

[53] Chen M Z Q, Hu Y, Du B. Suspension performance with one damper and one inerter//The 24th Chinese Control and Decision Conference, 2012: 3534-3539.

[54] Hu Y, Wang K, Chen M Z Q. Performance optimization for passive suspensions with one damper one inerter and three springs//2015 IEEE International Conference on Information and Automation, 2015: 1349-1354.

[55] Hu Y, Chen M Z Q, Shu Z, et al. Analysis and optimisation for inerter-based isolators via fixed-point theory and algebraic solution. Journal of Sound and Vibration, 2015, 346: 17-36.

[56] Hu Y, Li C, Chen M Z Q. Optimal control for semi-active suspension with inerter//Proceedings of the 31st Chinese Control Conference, 2012: 2301-2306.

[57] Hu Y, Wang K, Chen M Z Q. Semi-active suspensions with low-order mechanical admittances incorporating inerters//The 27th Chinese Control and Decision Conference, 2015: 79-84.

[58] 胡银龙. 基于惯容的低复杂度机械振动控制系统分析与设计. 南京: 南京理工大学, 2016.

[59] Zhou K, Doyle J, Glover K. Robust and Optimal Control. New York: Prentice-Hall, 1995.

[60] 喻凡. 车辆动力学及其控制. 北京: 机械工业出版社, 2010.

[61] Walker G W. Constraints upon the achievable performance of vehicle suspension systems. Cambridge: Cambridge University, 1997.

[62] Savaresi S M, Poussot-Vassal C, Spelta C, et al. Semi-active suspension control design for vehicles. Amsterdam: Elsevier, 2010.

[63] International Organization for Standardization. Mechanical vibration and shock: evaluation of human exposure to whole-body vibration. Part 1, general requirements-amendment1 ISO 2631-1: 1997/Amd 1: 2010. Geneva: International Organization for Standardization, 2010.

[64] Gao H, Lam J, Wang C. Multi-objective control of vehicle active suspension systems via load-dependent controllers. Journal of Sound and Vibration, 2006, 290(3-5): 654-675.

[65] 孙维超. 汽车悬架系统的主动振动控制. 哈尔滨: 哈尔滨工业大学, 2013.

[66] Sun W, Gao H, Kaynak O. Finite frequency control for vehicle active suspension systems. IEEE Transactions on Control Systems Technology, 2011, 19(2): 416-422.

[67] Sun W, Zhao Y, Li J, et al. Active suspension control with frequency band constraints and actuator input delay. IEEE Transactions on Industrial Electronics, 2012, 59(1): 530-537.

[68] Li H, Yu J, Hilton C, et al. Adaptive sliding-mode control for nonlinear active suspension vehicle systems using T-S fuzzy approach. IEEE Transactions on Industrial Electronics, 2013, 60(8): 3328-3338.

[69] Li H, Liu H, Gao H, et al. Reliable fuzzy control for active suspension systems with actuator delay and fault. IEEE Transactions on Fuzzy Systems, 2012, 20(2): 342-357.

[70] Du H, Zhang N. Fuzzy control for nonlinear uncertain electrohydraulic active suspensions with input constraint. IEEE Transactions on Fuzzy Systems, 2009, 17(2): 343-356.

[71] Du H, Yim S K, Lam J. Semi-active H_∞ control of vehicle suspension with magnetorheological dampers. Journal of Sound and Vibration, 2005, 283: 981-996.

[72] Sun W, Gao H, Yao B. Adaptive robust vibration control of full-car active suspensions with electrohydraulic actuators. IEEE Transactions on Control Systems Technology, 2013, 21(6): 2417-2422.

[73] Rajamani R. Vehicle Dynamics and Control. Singapore: Springer, 2012.

[74] Robson J. Road surface description and vehicle response. International Journal of Vehicle Design, 1979, 1(1): 25-35.

[75] Doyle J C, Francis B A, Tannenbaum A R. Feedback Control Theory. Oxford: Maxwell Macmillan, 1992.

[76] Geromel J, Gapski P. Synthesis of positive real H_2 controllers. IEEE Transactions on Automatic Control, 1997, 42(7): 988-992.

[77] Shimomura T, Yamasaki Y, Fujii T. LMI-based iterative synthesis of strictly positive real H_2 controllers. Proceeding American Control Conference, 2001: 332-336.

[78] Boyd S, El Ghaoui L, Feron E, et al. Linear Matrix Inequalities in System and Control Theory. Philadelphia: Society for Industrial and Applied Mathematics, 1994.

[79] Anderson B D O, Vongpanitlerd S. Network Analysis and Synthesis: A Modern Systems Theory Approach. New York: Prentice-Hall, 1973.

[80] van Valkenburg M E. Introduction to Modern Network Synthesis. New York: Wiley, 1965.

[81] Wang K, Chen M Z Q. Generalized series-parallel RLC synthesis without minimization for biquadratic impedances. IEEE Transactions on Circuits and Systems II: Express Briefs, 2013, 59(11): 766-770.

[82] Wang K, Chen M Z Q, Hu Y. Synthesis of biquadratic impedances with at most four passive elements. Journal of the Franklin Institute, 2014, 351(3): 1251-1267.

[83] Hu Y, Chen M Z Q, Hou Z. Multiplexed model predictive control for active vehicle suspensions. International Journal of Control, 2015, 88(2): 347-363.

[84] Crolla D A, Abdel-Hady M B A. Active suspension control; performance comparisons using control laws applied to a full vehicle model. Vehicle System Dynamics, 1991, 20(2): 107-120.

[85] Zuo L, Nayfeh S A. Structured H_2 optimization of vehicle suspensions based on multi-wheel models. Vehicle System Dynamics, 2003, 40(5): 351-371.

[86] ISO. Mechanical vibration-road surface profiles-reporting of measured data. Geneva: International Organization for Standardization, 1995.

[87] Tyan F, Hong Y F, Tu S H, et al. Generation of random road profiles. Journal of Advanced Engineering, 2009, 4(2): 1373-1378.

[88] Sharp R S, Crolla D A. Road vehicle suspension system design-a review. Vehicle System Dynamics, 1987, 16(3): 167-192.

[89] Hu Y, Chen M Z Q, Shu Z. Passive vehicle suspensions employing inerters with multiple performance requirements. Journal of Sound and Vibration, 2014, 333(8): 2212-2225.

[90] Poussot-Vassal C, Savaresi S M, Spelta C, et al. A methodology for optimal semi-active suspension systems performance evaluation// The 49th IEEE Conference on Decision and Control, 2010: 2892-2897.

[91] Tseng H E, Hedrick J K. Semi-active control laws-optimal and sub-optimal. Vehicle System Dynamics, 1994, 23(1): 545-569.

[92] Rienks, M. A comparison of two control laws for semi-active suspensions. Eindhoven: Technische Universiteit Eindhoven, 1994, 36: 439-447.

[93] Savaresi S M, Spelta C. A single-sensor control strategy for semi-active suspensions. IEEE Transactions on Control Systems Technology, 2008, 17(1): 143-152.

[94] Chen M Z Q, Hu Y, Li C, et al. Application of semi-active inerter in semi-active suspensions via force tracking. Journal of Vibration and Acoustics, 2016, 138: 41014.

[95] Zhang X, Ahmadian M, Guo K. A comparison of a semi-active inerter and a semi-active suspension. SAE Technical Paper, 2010: 16718-16729.

[96] Li P, Lam J, Cheung K C. Control of vehicle suspension using an adaptive inerter. Proceedings of the Institution of Mechanical Engineers, Part D: Journal of Automobile Engineering, 2015, 229(14): 1934-1943.

[97] Brzeski P, Kapitaniak T, Perlikowski P. Novel type of tuned mass damper with inerter which enables changes of inertance. Journal of Sound and Vibration, 2015, 349: 56-66.

[98] Brzeski P, Lazarek M, Perlikowski P. Experimental study of the novel tuned mass damper with inerter which enables changes of inertance. Journal of Sound and Vibration, 2017, 404: 47-57.

[99] Garrido H, Curadelli O, Ambrosini D. Resettable-inertance inerter: a semiactive control device for energy absorption. Structural Control and Health Monitoring, 2019, 26(11): 2415.

[100] Makris N, Kampas G. Seismic protection of structures with supplemental rotational inertia. Journal of Engineering Mechanics, 2016, 142(11): 4016089.

[101] Wang M, Sun F. Displacement reduction effect and simplified evaluation method for SDOF systems using a clutching inerter damper. Earthquake Engineering & Structural Dynamics, 2018, 47(7): 1651-1672.

[102] Málaga-Chuquitaype C, Menendez-Vicente C, Thiers-Moggia R. Experimental and numerical assessment of the seismic response of steel structures with clutched inerters. Soil Dynamics and Earthquake Engineering, 2019, 121: 200-211.

[103] Tseng Y W. Control design of linear dynamic systems with matrix differential equations for aerospace applications. Ohio: The Ohio State University, 1997.

[104] Kwak S K, Washington G, Yedavalli R K. Acceleration-based vibration control of distributed parameter systems using the "reciprocal state-space framework". Journal of Sound and Vibration, 2002, 3(251): 543-557.

[105] Chui C K, Chen G. Kalman Filtering with Real-time Applications. New York: Springer, 1987.

[106] Du H, Zhang N. H_∞ control of active vehicle suspensions with actuator time delay. Journal of Sound and Vibration, 2007, 301(1-2): 236-252.

[107] Brezas P, Smith M C. Linear quadratic optimal and risk-sensitive control for vehicle active suspensions. IEEE Transactions on Control Systems Technology, 2013, 22(2): 543-556.

[108] Wang F C, Hong M F, Chen C W. Building suspensions with inerters. Proceedings of the Institution of Mechanical Engineers, Part C: Journal of Mechanical Engineering Science, 2010, 224(8): 1605-1616.

[109] Lazar I F, Neild S A, Wagg D J. Using an inerter-based device for structural vibration suppression. Earthquake Engineering & Structural Dynamics, 2014, 43(8): 1129-1147.

[110] Brzeski P, Pavlovskaia E, Kapitaniak T, et al. The application of inerter in tuned mass absorber. International Journal of Non-Linear Mechanics, 2015, 70: 20-29.

[111] Yamamoto K, Smith M C. Bounded disturbance amplification for mass chains with passive interconnection. IEEE Transactions on Automatic Control, 2015, 61(6): 1565-1574.

[112] Wang F C, Liao M K, Liao B H, et al. The performance improvements of train suspension systems with mechanical networks employing inerters. Vehicle System Dynamics, 2009, 47(7): 805-830.

[113] Zilletti M. Feedback control unit with an inerter proof-mass electrodynamic actuator. Journal of Sound and Vibration, 2016, 369: 16-28.

[114] Crosby M J, Karnopp D C. The active damper: a new concept for shock and vibration control. Shock and Vibration Bulletin, 1973, 43(4): 119-133.

[115] Margolis D L, Goshtasbpour M. The chatter of semi-active on-off suspensions and its cure. Vehicle System Dynamics, 1984, 13(3): 129-144.

[116] Liu Y, Waters T P, Brennan M J. A comparison of semi-active damping control strategies for vibration isolation of harmonic disturbances. Journal of sound and vibration, 2005, 280(1-2): 21-39.